D0477166

2000304356

NEATH PORT TALBOT LIBRARIES

TALBOT LIBRARIES
NEATH PORT

CLYMAU DDOE

ALYS JONES

Golygyddion y Gyfres:
Dr Christine Jones
a
Julie Brake

Argraffiad cyntaf—2001

ISBN 1 84323 065 8

Mae Alys Jones wedi datgan ei hawl dan Ddeddf
Hawlfraint, Dyluniadau a Phatentau 1988 i gael ei
chydnabod fel awdur y llyfr hwn.

Cedwir pob hawl. Ni chaniateir atgynhyrchu unrhyw ran o'r
cyhoeddiad hwn, na'i gadw mewn cyfundrefn adferadwy, na'i
drosglwyddo mewn unrhyw ddull na thrwy unrhyw gyfrwng,
electronig, electrostatig, tâp magnetig, mecanyddol, ffotogopïo,
recordio nac fel arall, heb ganiatâd ymlaen llaw gan y cyhoeddwyr,
Gwasg Gomer, Llandysul, Ceredigion, Cymru.

Cyhoeddwyd dan gynllun comisiynu Cyngor
Llyfrau Cymru.

Dymuna'r cyhoeddwyr gydnabod cymorth
Adrannau Cyngor Llyfrau Cymru.

NEATH PORT TALBOT
LIBRARIES

CL.   NOV

DATE 3/02   PR 3.50

LOC.   BAG

NO. 2000304356

Argraffwyd yng Nghymru gan
Wasg Gomer, Llandysul, Ceredigion

BYRFODDAU

eg	enw gwrywaidd
eb	enw benywaidd
egb	enw gwrywaidd neu enw benywaidd
ll	lluosog
GC	gair a ddefnyddir yng ngogledd Cymru
DC	gair a ddefnyddir yn ne Cymru

PENNOD 1

Yng Nghaffi Mei yn y dref y cychwynnodd popeth.
Taswn i heb fynd yno y dydd Gwener hwnnw ar ôl yr
ysgol, fasai Mared ddim wedi gofyn i mi fynd allan yn
y nos. Faswn i ddim wedi cyfarfod Steffan wedyn.
Mae'n rhyfedd fel mae un penderfyniad bach yn gallu
newid eich bywyd chi. Efallai y basai wedi bod yn well
taswn i wedi mynd adref yn syth, fel roeddwn i wedi
bwriadu ei wneud. Ond dyna fo, wnes i ddim.

Roedd criw ohonon ni'n cyfarfod am baned a sgwrs
yng Nghaffi Mei ar ddydd Gwener ar ôl yr ysgol.
Roedd hi'n gyfle i ymlacio a sgwrsio ar ôl wythnos
brysur. Roedd gan bawb amserlen wahanol ac roedd
prynhawn rhydd rhai ohonon ni ar ddiwrnod gwahanol
hefyd. Felly, roedd wythnos yn medru mynd heibio'n
hawdd heb i ni gael sgwrs iawn. Dyna pam roedden
ni'n mwynhau prynhawn dydd Gwener gymaint.

Doedd dim rhyfedd ein bod ni'n cael y caffi i ni ein
hunain bob wythnos. Roedden ni'n gwneud gormod o
sŵn i neb arall fedru mwynhau eu paned. Doedd Mei
ddim yn cwyno, chwaith. Roedd rhwng deg a phymtheg
ohonon ni yno fel arfer brynhawn Gwener. Ni oedd ei
regiwlars o, ac roedd o'n gwneud tipyn o arian ohonon
ni.

'Wyt ti'n dod allan efo ni heno?' gofynnodd Mared.

cychwyn	dechrau	amserlen (eb)	timetable
penderfyniad (eg)	decision	rhydd	free
yn syth	straightaway	cymaint	so much
bwriadu	to intend	efo (GC)	gyda
cyfle (eg)	opportunity		

'Wel,' meddwn i. 'Doeddwn i ddim wedi meddwl mynd allan heno a nos yfory. Does dim llawer o arian gen i ar hyn o bryd.'

'Beth dw i i fod i'w wneud os ydy Mared yn diflannu efo Dan Simons?' gofynnodd Siân. 'Eistedd ar fy mhen fy hun drwy'r nos? Sori, Mared. Os nad ydy Llinos yn dod, mae gen i ofn fydda i ddim yno chwaith.'

Roedd Mared wedi clywed bod y boi roedd hi'n ei ffansïo yn mynd i'r Llew Du bob nos Wener. Dyna pam roedd hi eisiau mynd yno. Hogyn ar ei flwyddyn gyntaf yn y coleg ym Mangor oedd o.

Roedd hi'n amlwg fy mod i wedi ypsetio Mared. Roeddwn i mewn sefyllfa anodd. Doedd Siân ddim eisiau mynd efo Mared ar ei phen ei hun. Roedd ganddi hi ffobia ynglŷn ag eistedd yn unrhyw le ar ei phen ei hun am ddau funud, heb sôn am chwarae gwsberan am noson gyfan. Doedd dim i'w wneud ond cytuno i fynd efo nhw.

'Iawn,' meddwn i. 'Dof i efo chi. Does dim llawer o bres gen i a wn i ddim beth fydd Mam yn ddeud chwaith.'

'Dw i braidd yn sgint hefyd,' meddai Siân. 'Ond byddan ni'n medru sipian Coke a llygadu'r talent!'

'Pam dach chi isio gwneud hynny?' rhoiodd Dafs ei big i mewn. 'Mae digon o dalent o'ch cwmpas chi bob dydd. Fi, er enghraifft . . .'

---

diflannu	to disappear	wn i ddim	dw i ddim yn
sefyllfa (eb)	situation		gwybod
ynglŷn â	about, concerning	braidd yn	rather
heb sôn am	never mind	isio (GC)	eisiau, moyn
pres (eg) (GC)	arian	rhoi pig i mewn	to butt in

'Ia, ia,' meddai Siân.

'Reit!' meddwn i. 'Dw i'n mynd.'

Roedd Siân wedi bod yn dweud wrtha i'n ddiweddar bod Dafs yn fy ffansïo fi. Roedd o'n fy nilyn i o gwmpas trwy'r amser, mae'n rhaid i mi gyfaddef. Weithiau roedd o'n dweud pethau – bob amser fel jôc, wrth gwrs – ond efallai bod Siân yn iawn. Doeddwn i ddim yn ei ffansïo fo. Ddim o gwbl.

'Wyt ti'n mynd yn barod?' meddai fo'n siomedig wrth i mi godi.

'Ydw,' meddwn i'n sydyn. 'Mae rhaid i mi wneud tipyn o siopa i Mam. Wela i chi heno am wyth.'

A diflannais i cyn i Dafs gynnig dod efo fi.

Ar y ffordd adref, roeddwn i'n ceisio meddwl beth roeddwn i'n mynd i'w ddweud wrth Mam fel esgus. Doedd hi na Dad ddim yn hoffi i mi fynd i dafarnau achos doeddwn i ddim yn ddeunaw eto. Ond, chwarae teg iddyn nhw, roedden nhw'n dda iawn mewn gwirionedd. Nid fy mam a fy nhad go-iawn oedden nhw. Fy nain a fy nhaid i oedden nhw. Roeddwn i wedi cael fy magu ganddyn nhw achos bod fy rhieni i wedi cael eu lladd mewn damwain car pan oeddwn i'n fabi. Roeddwn i wedi arfer eu galw nhw'n 'Mam' a 'Dad', ac roedd pawb arall wedi arfer fy nghlywed i'n eu galw nhw'n 'Mam' a 'Dad', er eu bod nhw'n gwybod mai fy nain a fy nhaid i oedden nhw mewn gwirionedd. Ond roeddwn i'n lwcus. Roedden nhw'n nain a thaid ifanc, ac felly'n edrych yn debyg o ran oed i rieni fy ffrindiau.

---

yn ddiweddar	recently	*mewn gwirionedd*	actually
dilyn	to follow	*go-iawn*	real
cyfaddef	to admit		

Roedden nhw wedi dweud y gwir wrtha i pan oeddwn i'n fach iawn. Roeddwn i wedi tyfu i fyny efo'r sefyllfa.

Doedd hi ddim yn hawdd iddyn nhw, dw i'n siŵr. Roedden ni'n ffraeo weithiau. Ond basen ni'n ceisio cyfarfod hanner ffordd. Er nad oedden nhw'n hoff ohono i'n mynd i dafarnau, roedden nhw'n sylweddoli bod y rhan fwyaf o enethod fy oed i'n yfed weithiau. Ar y llaw arall, faswn i byth yn dod adref wedi meddwi, nac yn gwneud dim byd y basen nhw'n debygol o edrych yn ddu arno fo. Roedd gen i ormod o feddwl ohonyn nhw. Wedi'r cyfan, nhw oedd fy mam a fy nhad i, i bob pwrpas.

'Ffrind i Mared sy'n cael ei phen-blwydd,' meddwn i wrth Mam, gan droi fy nghefn arni hi a mynd i nôl diod o'r oergell. 'Dw i ddim yn ei hadnabod hi . . . rhywun sy'n mynd efo hi i'r côr ydy hi. Dim ond criw bach sy'n mynd. Mae Mared isio i mi fynd efo hi achos dydy hi ddim yn adnabod y criw yn dda iawn. Doeddwn i ddim yn medru gwrthod.'

Roedd hi'n haws dweud celwydd golau, fel 'na.

'Ceisia beidio â bod yn hwyr,' meddai Mam. 'Mae'n rhaid i mi fynd erbyn hanner awr wedi wyth bore fory. Mae'r caffi'n agor yn gynharach rŵan am fod mwy o ymwelwyr o gwmpas.'

Gweithio rhan amser mewn caffi yn y dref roedd Mam. Fel roedd yr haf yn agosáu, roedd hi'n gweithio mwy o oriau. Pan ddechreuais i ym Mlwyddyn Deuddeg ces i swydd yn gweithio ar y til yn Safeway yn y dref,

ffraeo	to argue	*oergell* (*eb*)	fridge
y rhan fwyaf	most	*haws*	*hawddach*
genethod (*ll*) (*GC*)	young girls	*celwydd golau*	white lie
tebygol o	likely to		

dair noson yr wythnos. Ond buodd rhaid i mi roi'r gorau iddi hi gan fy mod i'n methu cadw i fyny efo fy ngwaith cartref. Rhioodd Mam ei throed i lawr. Roedd gwaith ysgol yn bwysicach na phres poced, meddai hi. Roeddwn i'n gwarchod i ffrindiau, ond weithiau roedd rhaid i fi ofyn i Mam am bres.

'Iawn,' meddwn i. 'Caf i gwmni Mared adra . . .' Roeddwn i'n mynd i ychwanegu 'neu Dafs', ond cofiais i am fy nghelwydd golau. Noson fach dawel efo dwy neu dair o'r genethod oedd hon i fod, cyn belled ag oedd Mam yn y cwestiwn.

Dechreuais i baratoi i fynd allan. Doeddwn i ddim isio mynd mewn gwirionedd. Ar ôl te roeddwn i wedi cychwyn ar fy nhraethawd Hanes, ac roeddwn i wedi dechrau cael hwyl arno fo. Baswn i wedi medru ei orffen o taswn i wedi cael llonydd. Beth bynnag, golchais i fy ngwallt a gwisgo'r peth cyntaf welais i yn y wardrob. Trowsus combat gwyrdd golau a siwmper frown hir. Wnes i ddim gwisgo colur, yn y gobaith y basai Dafs yn meddwl fy mod i'n hyll, ac yn peidio â fy ffansïo i. Doeddwn i ddim yn ffansïo neb, felly beth oedd y pwynt gwastraffu colur? Roeddwn i'n gwybod cyn mynd y basai hi'n noson ddiflas. Roedd gormod o bobl bob amser yn y Llew Du ar nos Wener. Basai hi'n amhosibl symud yno.

---

rhoi'r gorau i	to give up	*cael llonydd*	to be left alone
gwarchod	to babysit	*colur (eg)*	make-up
ychwanegu	to add	*hyll*	ugly
cyn belled â	as far as	*gwastraffu*	to waste
traethawd (eg)	essay		

PENNOD 2

Roeddwn i'n iawn hefyd. Roedd y Llew Du yn llawn erbyn wyth o'r gloch. Roedd band o Wrecsam yn canu yno, ac wedi dod â chriw o grwpis efo nhw. Bu bron i ni fethu cael hyd i le i eistedd. Oedd, roedd Dafs yno ac arhosodd o efo fi drwy'r nos. Roedd Mared yn pwdu. Daeth Dan Simons i mewn efo chriw o fyfyrwyr tua deg o'r gloch, ond roedd o efo geneth arall. Chymerodd o ddim sylw o Mared, er iddi hi fynd heibio iddo fo ar ei ffordd i'r toiled sawl gwaith.

Roedd Dafs wedi mynd at y bar, ac roeddwn i newydd ddweud wrth Siân fy mod i am fynd adref pan ddaeth hogyn o rywle, a dweud, 'Hiya. Elen, yntê? Beth rwyt ti'n wneud yma?' Roeddwn i wedi arfer efo hogiau'n ceisio'u cyflwyno eu hunain fel hyn. Ar noson arall efallai y baswn i wedi mwynhau'r sylw, ond heno am fod Mared wedi pwdu ac yn siarad â neb, doedd gen i ddim amynedd. Beth bynnag, roedd o wedi meddwi, ac yn gwenu'n wirion. Codais i i fynd ond tynnodd Siân yn fy siwmper a doedd gen i ddim dewis ond eistedd. Y funud nesaf, cododd un neu ddau o'n bwrdd ni i ddawnsio ac eisteddodd yr hogyn a'i ffrind i lawr.

Roedd un ohonyn nhw'n eistedd gyferbyn â Siân, ac yn ceisio cael sgwrs efo hi. Roedd hi'n amlwg yn mwynhau'r sylw. Roedd y ddau ohonyn nhw'n gweiddi

---

bu bron i ni	we almost	*yntê*	isn't it
cael hyd i	to find	*cyflwyno*	to introduce
pwdu	to sulk	*amynedd* (*eg*)	patience
hogyn (*GC*)	*bachgen*	*yn wirion*	stupidly

ar ei gilydd ar draws y bwrdd. Doeddwn i ddim yn gwybod beth i'w wneud, mynd neu aros. Ond bob tro roeddwn i'n dechrau codi fy nghôt, roedd Siân yn gwneud arwyddion i mi beidio â mynd. Yna, pan orffennodd y band eu cân, troiodd yr hogyn arall ata i a dweud, 'Wel, wyt ti am ddeud wrtha i, 'ta?'

'Deud beth?' meddwn i'n swta.

'Deud beth rwyt ti'n wneud y ffordd yma,' meddai fo.

'Dw i'n digwydd bod yn byw yma,' meddwn i, mewn llais llawn diflastod. Aeth y gwynt o fy hwyliau pan ddechreuodd yr hogyn chwerthin.

'Ers pryd?' meddai fo.

'Ers un deg saith o flynyddoedd, os oes rhaid i ti gael gwybod,' meddwn i. Roeddwn i'n dechrau cael digon o'i *chatline* wirion o.

Dechreuodd o chwerthin eto, ac ysgwyd ei ben.

'Ond,' meddai fo, 'dw i'n dy adnabod di. Elen ydy dy enw di, ac rwyt ti'n byw yng Nghaerdydd. Roeddet ti yn Bar O'Brian tua wythnos yn ôl. Roeddet ti efo'r hogyn sy'n chwarae yn y band.'

'Mae'n rhaid dy fod ti wedi meddwi'r noson honno hefyd,' meddwn i, 'neu dy fod ti angen sbectol.'

'Dw i'n cyfaddef fy mod i wedi meddwi . . . tipyn . . . ond mae'n rhaid mai Elen wyt ti. Rwyt ti'n jocian, on'd wyt ti? Wyt ti wedi dod i aros efo ffrindiau yn y coleg?'

'Llinos ydy ei henw hi,' rhoiodd Siân ei phig i mewn. 'Mae hi'n mynd i'r un ysgol â fi yn y dre 'ma.'

'Llinos?' Chwarddodd yr hogyn eto.

arwyddion	signs, gestures	*hwyliau* (*ll*)	sails
yn swta	abruptly	*ysgwyd*	to shake

'Reit. Dw i'n mynd,' meddwn i. 'Wyt ti'n dod, Mar?'

Doedd dim eisiau gofyn ddwywaith. Roedd Mared ar ei ffordd allan cyn i mi wisgo fy nghôt. Cododd Siân, hefyd, er mawr syndod i mi.

'Byddwn ni 'ma eto nos fory,' meddai hi, gan sbio ar yr hogyn gwallt brown. 'Ella gwelwn ni chi?'

Wn i ddim beth ddywedodd o. Wrth godi ces i gyfle iawn i edrych ar yr hogyn gyferbyn â fi. Roedd o'n syllu ar y bwrdd o'i flaen ac roedd golwg ddryslyd iawn ar ei wyneb o. Roedd o'n hogyn golygus. Roedd ganddo fo wallt melyn a llygaid glas.

'Hwyl,' meddwn i, mewn llais dipyn bach mwy annwyl, wrth fynd heibio iddo fo. Ond wnaeth o ddim hyd yn oed codi ei ben i edrych arna i, dim ond syllu ar ei beint yn ddryslyd. Aeth y gwynt o fy hwyliau. Doedd o ddim yn fy ffansïo i wedi'r cwbl. Dim ond wedi fy nghamgymryd i am rywun arall oedd o.

Ar y ffordd adref wnaeth Siân ddim byd ond siarad am yr hogyn gwallt brown. Rhys oedd ei enw fo. Roedd o ar ei ail flwyddyn yn y coleg ym Mangor yn gwneud Mathemateg. Roedd o wedi dweud y basai fo'n dod i'r Llew Du eto nos Sadwrn os oedd yr hogiau eraill yn mynd.

'Beth roeddet ti'n feddwl o Steffan?' gofynnodd Siân i mi.

'Steffan?' meddwn i'n ddifater. Roeddwn i'n ceisio esgus nad oedd gen i ddiddordeb ynddo fo o gwbl. Ond aeth rhyw deimlad rhyfedd drwy fy nghalon i wrth i mi

er mawr syndod	to my great	*dryslyd*	confused
i mi	surprise	*hyd yn oed*	even
sbio (GC)	*edrych*	*camgymryd*	to mistake
ella (GC)	*efallai*	*hogiau (ll) (GC)*	lads
syllu ar	to stare at	*yn ddifater*	nonchalently

14

ddweud ei enw fo. 'Wedi drysu roedd o, ac yn fy ngalw i'n Elen drwy'r amser. Roedd o wedi cael gormod i'w yfed, dw i'n credu.'

'Mae o wedi dod i aros efo Rhys yn y neuadd,' meddai Siân. 'Mae o yn y coleg yng Nghaerdydd. Daeth o i fyny efo criw o'r coleg i wrando ar y band. Mae o'n mynd yn ôl fory,' ychwanegodd hi.

'O,' meddwn i'n siomedig.

Cyn hir troiodd Siân i fynd am Ffordd Celyn, ac aeth Mared a fi ymlaen ar hyd Ffordd Arfon.

'Noson wirion,' meddwn i o'r diwedd wrth Mared a oedd wedi bod yn dawel ers oriau.

'Ia,' meddai hi. 'Ond o leia mae Siân yn hapus. Wyt ti isio mynd allan eto nos fory?'

'Wn i ddim. Does gen i ddim llawer o amynedd.'

'Na fi.'

'Ond basai'n well i ni fynd, ella.'

'Ella.'

'Bydd Siân isio mynd.'

'Bydd.'

'Ffonia i di rywbryd yn y prynhawn.'

'Ocê, 'ta.'

Roedden ni wedi cyrraedd tŷ Mared erbyn hyn. Ar ôl dweud 'hwyl' yn ddigon digalon aeth Mared i'r tŷ. Roeddwn i mewn tymer ddrwg hefyd. Roedd Dafs wedi mynd ar fy nerfau i. Tasai fo ddim wedi fy rhoi i mewn hwyliau drwg, baswn i wedi bod yn fwy caredig wrth Steffan. Roedd o *yn* olygus, hefyd. Trueni nad oeddwn i wedi sylweddoli hyn yn gynharach. Roedd gweld nad oedd diddordeb ganddo fo yno' i wedi fy ngwneud i'n

---

drysu   to confuse, muddle   *hwyliau (ll)*   spirits
digalon   depressed, disheartened

fwy digalon. Rŵan, doedd gen i ddim siawns o gwbl i wneud iddo fo gymryd diddordeb yno' i.

Roedd Mam a Dad yn edrych yn falch o fy ngweld i'n dod i'r tŷ ar amser call, a dechreuodd Mam wneud paned. Roedd tri mwg a phlatiaid o frechdanau ham ar fwrdd y gegin.

'Sut aeth y parti pen-blwydd?' gofynnodd Mam.

'Iawn,' meddwn i. 'Roedd Mared yn falch fy mod i wedi dod. Cafodd rhai o'r genethod gyw iâr a sglodion, ond doedd dim awydd bwyd arna i. Roedd gen i dipyn o gur pen. Mae o gen i o hyd. Dw i'n meddwl yr af i'n syth i'r gwely.'

'Heb baned?' meddai Mam yn syn, fel tasai hynny'n beth gwirion i'w wneud.

'Af i ag un neu ddwy o frechdanau efo fi,' meddwn i, 'rhag ofn y bydda i isio bwyd nes ymlaen . . . a'r paned hefyd.'

'Wyt ti'n iawn?' gofynnodd Mam.

'Dim ond wedi blino. Bydda i'n iawn yn y bore.'

Ar ôl dweud 'nos da' wrthyn nhw es i i fy ystafell wely. Roeddwn i'n meddwl fy mod i wedi llwyddo'n dda iawn i osgoi eu cwestiynau am y noson.

Edrychais i yn y drych wrth fwyta fy mrechdanau ac yfed fy nhe. Roedd gen i wallt du hir a chroen clir a oedd wedi ei liwio gan yr haul. Roedd gen i lygaid mawr brown a doeddwn i ddim yn rhy dew nac yn rhy denau. Doeddwn i ddim yn rhy dal nac yn rhy fyr. Pam, felly, wnaeth Steffan ddim trafferthu i edrych arna i wrth i mi fynd? Es i i'r gwely'n teimlo'n siomedig iawn a digalon iawn.

---

call	sensible	*croen (eg)*	skin
cur pen (GC)	*pen tost (DC)*	*trafferthu*	to bother
osgoi	to avoid		

PENNOD 3

Bore dydd Sadwrn deffrais i'n gynnar. Roeddwn i'n teimlo'n gynhyrfus, fel taswn i'n eneth fach yn cael mynd am drip i lan y môr. Wedyn, cofiais i nad oedd gen i reswm i fod yn gynhyrfus. Meddyliais i am Steffan, a sut roeddwn i wedi colli cyfle i ddod i'w adnabod o. Daeth yr hen deimlad blin yn ôl i mi eto.

'Wnaiff hyn mo'r tro!' meddwn i wrtha i fy hun, yn dechrau mynd yn ddigalon eto. Codais i'n syth i osgoi cael fy nhemtio i aros yn y gwely drwy'r bore.

Roedd Dad a Mam yn gweithio, felly ces i lonydd i orffen fy nhraethawd Hanes. Gwnes i ginio i'r tri ohonon ni erbyn un o'r gloch . . . omlet tomatos a thatws drwy'u crwyn.

Ar ôl cinio aeth Mam a Dad i siopa. Cliriais i'r llestri a gwneud tipyn o olchi a smwddio, a meddwl a oeddwn i am fynd allan gyda'r nos. Efallai basai Rhys yno eto ac y baswn i'n medru ei holi o am Steffan. Ac eto, i beth? Roedd hi bron yn amser te, ac roeddwn i heb ddod i benderfyniad, a heb ffonio Mared, pan ganodd y ffôn.

'O, fflip!' meddwn i wrtha i fy hun. 'Mared, mae'n siŵr.' Ond dim Mared oedd yna. Siân oedd yna.

'Dim ond ffonio i wneud yn siŵr dy fod ti'n dod i'r Llew Du heno,' meddai hi, yn llawn bywyd. Does dim byd gwaeth na siarad efo rhywun sy'n llawn hwyl a sbri

---

deffro	*dihuno*	*tatws drwy'u*	jacket potatoes
cynhyrfus	excited, agitated	*crwyn*	
blin	angry		

pan dach chi ddim yn teimlo'n llawn hwyl a sbri eich hun. Tasai hi wedi gweld yr wyneb wnes i, basai hi wedi rhoi'r ffôn i lawr.

'Choeli di mo hyn!' meddai hi, cyn i mi ddweud dim. 'Es i i Fangor pnawn 'ma, a phwy wyt ti'n meddwl welais i? Rhys! A phwy oedd efo fo? Steffan! Roedd o'n holi amdanat ti. A gwranda di ar hyn! Aeth o ddim yn ôl i Gaerdydd am ei fod o isio dy weld di eto. Mae o'n dod i'r Llew Du heno. Bydd rhaid i ti fod yno . . . Llinos . . . wyt ti 'na?'

'Huym . . . ym . . . ydw,' meddwn i, mewn llais rhyfedd. Dechreuodd fy nghalon neidio'n wirion, ac es i mor goch roeddwn i'n ofni y basai Siân yn teimlo'r gwres drwy'r ffôn.

'Llinos! Deud rwbath!' meddai Siân.

'O,' oedd yr unig beth roeddwn i'n medru'i ddweud.

'O?' atebodd hi, gan godi ei llais dipyn. 'Dwyt ti ddim yn falch?'

'Wel, doeddwn i ddim wedi meddwl amdano fo,' meddwn i'n gelwyddog. 'Doeddwn i ddim mewn hwyliau rhy dda neithiwr.'

'Dim hwyliau o gwbl, os wyt ti'n gofyn i mi!' atebodd Siân. 'Roeddet ti a Mared fel dwy hen nain. Wyt ti'n dod heno?'

Erbyn hyn, roeddwn i wedi dod ata i fy hun.

'Wn i ddim. Dw i ddim yn siŵr,' meddwn i'n araf, yn meddwl y baswn i'n ei phryfocio hi tipyn. 'Caf i weld beth mae Mared am wneud. Ffonia i hi rywbryd heno, ac wedyn ffonia i di.'

---

coelio	*credu*	*pryfocio*	to tease,
gwres (eg)	heat		to provoke
yn gelwyddog	lying		

Ffoniais i Mared yn syth. Roedd hi, drwy lwc, mewn tymer well. Ches i ddim llawer o drafferth i'w pherswadio i ddod allan. Soniais i ddim fod Steffan yn dod i'r dref. Dwedais i y basai'n well i ni'n dwy fynd, er mwyn Siân.

'Rwyt ti'n smart iawn!' meddai Mared, pan dynnais i fy nghôt yn y Llew Du. Roedd tipyn bach o gyhuddiad yn y *compliment*.

'Wel, mae hi'n nos Sadwrn, on'd ydy?' meddwn i'n ddifater. Roeddwn i wedi gwneud ymdrech arbennig i wneud fy hun yn ddel, ac roeddwn i'n falch fy mod i wedi llwyddo. Roeddwn i wedi treulio amser hir yn mynd drwy fy wardrob ac wedi penderfynu ar sgert ddu efo blodau bach coch arni hi, a thop du, tyn. Roedd gen i liw haul, a gyda fy ngwallt i lawr roeddwn i'n edrych yn eithaf diddorol . . . rhywbeth rhwng sipsi a dawnswraig fflamenco.

Roedd Mared yn edrych yn ddel hefyd. Roedd hi'n gwisgo trowsus gwyn a thop llwyd yr un lliw â'i llygaid hi, ac roedd ei gwallt brown, byr wedi cael ei dorri'n dda. Dw i ddim yn cofio beth roedd Siân yn ei wisgo, ond dw i'n cofio meddwl bod ei gwallt melyn, cyrliog hi a'i hwyneb crwn yn gwneud i mi feddwl am flodyn yr haul. Pan oedd Siân yn gwenu roedd ei hwyneb hi'n gloywi, a'i gwên hi'n denu pobl i edrych arni hi. Rhwng y tair ohonon ni, felly, roedden ni'n troi pennau llawer o'r hogiau oedd yn dod i mewn. Ond roedd gan y ffordd roedd Siân a fi'n troi i gyfeiriad y drws bob munud rywbeth i'w wneud efo'r peth, mae'n siŵr.

---

er mwyn	for the sake of	*tyn*	tight
cyhuddiad (*eg*)	accusation	*lliw haul*	a suntan
ymdrech (*egb*)	effort	*gloywi*	to shine
treulio	to spend time	*denu*	to attract

Roedd hi bron yn ddeg o'r gloch pan ddaethon nhw i mewn, yng nghanol criw o hogiau a genethod oedd yn amlwg wedi bod yn yfed. Roedden nhw'n chwerthin ac yn siarad yn llawn hwyl. Er mawr syndod i mi, daeth Steffan yn syth at ein bwrdd ni ar ôl cyrraedd. Edrychodd Mared yn rhyfedd arna i. Dim ond codi ei law ar Siân roedd Rhys wedi ei wneud cyn mynd i sefyll wrth y bar. Roedd Siân yn sbio tipyn yn syn hefyd. Wrth i Steffan ddechrau siarad â mi, roedd fy sylw i gyd ar sut roedd o'n edrych. Roedd o'n ddelach na'r noson cynt, hyd yn oed. O'r diwedd, sylweddolais i ei fod o wedi ailadrodd rhywbeth.

'Ydy hi'n bosib i mi gael gair efo ti? Fedri di ddod allan am funud?'

'Allan . . . O 'ma, felly?' meddwn i'n ddwl.

'Ia,' meddai fo. 'Mae hi'n rhy swnllyd i gael sgwrs gall 'ma.'

'Iawn,' meddwn i, a chodais fel oen bach a'i ddilyn o.

---

sylw	attention, notice	*yn ddwl*	stupidly
cynt	previous		

PENNOD 4

Roedd hi'n braf cael mynd allan o'r dafarn lawn i'r awyr iach. Roedd criw yn sefyll y tu allan hefyd, yn yfed ac yn siarad. Gwthion ni drwyddyn nhw.

'Awn ni am dro bach?' gofynnodd Steffan. 'Jest rownd y Maes.'

'Iawn,' meddwn i, yn dechrau tybio beth oedd ganddo fo mewn golwg.

'Dw i ddim wedi meddwi heno,' meddai fo. 'A deud y gwir wrthot ti, dim ond Coke dw i wedi'i gael.'

'Dydy hynny ddim yn fy mhoeni i,' atebais i. 'Dw i'n yfed weithiau hefyd.'

'Ond dw i ddim isio i ti feddwl fy mod i'n malu awyr. Y peth ydy . . .'

Yna, troiodd o ata i, ac edrych arna i'n graff, cyn ysgwyd ei ben.

'Mae hyn yn hollol anhygoel,' meddai fo wedyn.

'Beth sy'n anhygoel?' meddwn i, yn disgwyl iddo fo ddweud mai fi oedd hogan ei freuddwydion o, neu rywbeth gwirion fel hynny.

'Mae hogan yn byw yng Nghaerdydd sydd yr un ffunud â ti.'

Bu bron i mi ei daro fo.

---

gwthio	to push	anhygoel	incredible
tybio	to wonder	disgwyl	to expect
mewn golwg	in mind	hogan (GC)	merch
malu awyr	to talk nonsense, waffle	breuddwyd (eb)	dream
yn graff	intently	yr un ffunud â ti	exactly like you

'Wel! Wel!' meddwn i, mor sarcastig ag y gallwn i er mwyn cuddio fy siom. 'Dw i'n dy gofio di'n deud rwbath tebyg neithiwr.'

Dechreuais i gerdded yn ôl i gyfeiriad y Llew Du.

'Aros!' meddai fo, fel tasai'r byd ar ben. Troais i i'w wynebu fo gan blethu fy mreichiau fel bydd Miss Williams Hanes yn ei wneud pan fydd hi mewn tymer ddrwg.

'Dwyt ti erioed wedi dod â fi allan i fan 'ma i ddeud hynny!' meddwn i, wedi pwdu. 'Maen nhw'n deud bod gan bawb rywun sydd yr un ffunud â nhw. Dw i'n oer. Basai'n well i ni fynd i mewn.'

'Ia, ond dw i ddim yn golygu ei bod hi'n debyg i ti. Mae hi *yr un ffunud* â ti. Dwyt ti ddim yn meddwl bod hynny'n beth rhyfedd? Tasai rhywun yn deud rwbath fel 'na wrtha i, baswn i isio gweld y person drosta i fy hun.'

Ddywedais i ddim byd. Roedd hi'n amlwg ei fod o o ddifrif.

'Oes gen ti deulu yn ardal Caerdydd?' holodd o wedyn.

'Nac oes. Wel, dw i ddim yn gwybod am neb,' meddwn i.

'Wyt ti'n siŵr?'

'Basai Mam a Dad wedi deud.'

'Dw i ddim yn adnabod yr hogan 'ma,' meddai fo wedyn, a golwg swil yn dod dros ei wyneb o. 'Ond . . . wel . . . digwyddais i sylwi arni hi mewn tafarn. Mae hi'n mynd efo hogyn sy'n chwarae mewn band. Dw i wedi ei gweld hi nifer o weithiau, ond dw i ddim wedi siarad efo hi.'

---

ar ben	over	*o ddifrif*	serious
plethu braich	to fold one's arms	*swil*	shy

'Felly,' meddwn i wrtha i fy hun. 'Mae o'n ffansïo rhyw hogan sy'n mynd efo rhywun arall, ac mae o'n cymryd sylw ohono' i achos fy mod i'n debyg iddi hi.'

'Mae hi'n hogan ddel iawn,' meddai fo wedyn. 'Mae hi'n edrych yn union fel ti.'

Teimlais i'n hapus iawn am eiliad. Ond sylweddolais i wedyn mai ceisio plesio roedd o.

Yna'n sydyn, gafaelodd Steffan yn fy mraich i ac edrych i mewn i fy llygaid. 'Pam na ddoi di i lawr i Gaerdydd efo fi ddydd Sul,' meddai fo. 'Basen ni'n gallu mynd i Bar O'Brian er mwyn i ti gael ei gweld hi. Mae hi yno efo'r hogyn 'ma ar nos Sul, fel arfer, ac weithiau ar nos Fercher hefyd.'

'Mae'r hogan 'ma'n obsesiwn gen ti, on'd ydy hi?' meddwn i. 'Mae'n rhaid ei bod hi'n hogan arbennig iawn.'

Roeddwn i'n gallu clywed y genfigen yn fy llais. Roeddwn i'n meddwl ei fod o isio fy nefnyddio i fel esgus i gael siarad efo hi.

'Ydy, mae hi,' meddai fo'n syml. 'Mae hi'n union fel ti.'

Aeth rhywbeth drwy fy nghalon i pan ddywedodd o hynny. Erbyn hyn roeddwn i isio gwybod mwy am yr hogan yma. Ces i syniad sydyn. Taswn i'n mynd i weld yr hogan yma, basai'n gyfle i mi dreulio amser efo Steffan, a dod i'w adnabod o'n well.

'Basai'n hwyl ei chyfarfod hi!' meddwn i. 'Wn i ddim be fasai Mam a Dad yn ddeud, chwaith, taswn i'n mynd i Gaerdydd ddydd Llun yn lle mynd i'r ysgol.'

---

yn union	exactly	*cenfigen (eb)*	jealousy
gafael	to take hold of		

'Baswn i wrth fy modd taset ti'n dod,' meddai fo'n eiddgar. 'Bydda i'n cychwyn tua un o'r gloch. Rhoia i rif ffôn coridor Rhys i ti. Os penderfyni di ddod efo fi, ffonia fi. Baset ti'n medru aros yn fflat chwaer un o fy ffrindiau coleg i. Mae hi'n hogan iawn. Gobeithio y medri di ddod.'

Gwthiodd Steffan ddarn o bapur i fy llaw, ac am eiliad gwasgodd o ei ddwylo amdani. Dechreuodd fy nghalon i gyflymu, ac aeth fy nghoesau i fel jeli. Wn i ddim sut gerddais i'n ôl i'r Llew Du.

Doedd dim lle i Steffan eistedd o gwmpas ein bwrdd ni felly aeth o yn ôl at ei ffrindiau. Welais i mohono fo wedyn tan ddiwedd y noson ac felly ces i gyfle i ddweud yr hanes wrth Mared.

'Rhyfedd!' meddai hi. 'Baswn i'n mynd efo fo taswn i yn dy le di. Dim ond un diwrnod faset ti'n golli. Baset ti'n medru dod 'nôl yn y nos.'

Roeddwn i'n teimlo'n ansicr. Roedd Steffan wedi dweud ambell beth oedd yn swnio fel *compliment*. Ac eto, roeddwn i'n teimlo fel taswn i wedi cael *compliment* ail-law, rywsut. Oedd pwynt mynd yr holl ffordd i Gaerdydd? Roedd pawb yn gweld pobl mewn ffordd wahanol. Efallai faswn i ddim yn gweld yr hogan Elen yma yn debyg i mi o gwbl. Efallai y baswn i'n teimlo'n siomedig taswn i'n sylweddoli bod Steffan yn ei ffansïo hi. Ac eto, roedd y syniad o fod yn ei gwmni o'n apelio'n fawr. Roeddwn i'n hoffi'r syniad o deithio efo fo yn y car am filltiroedd, dim ond fo a fi. Roedd o'n gyfle gwych i ddod i'w adnabod o.

---

yn eiddgar	keenly	*ambell*	the occasional
gwasgu	to press, squeeze		

Ar ôl cael dau *Martini* roedd Siân wedi ymuno â chriw y coleg yr ochr arall i'r dafarn. Ces i gip arni hi'n syllu yn wyneb Rhys. Doeddwn i ddim yn medru gweld Steffan o'r lle roeddwn i'n eistedd. Ond tua hanner awr wedi un ar ddeg daeth o heibio i'n bwrdd ni a dweud ei fod o'n gobeithio fy ngweld i bnawn Sul. Rhoiodd o ei law am f'ysgwydd i am eiliad, a gwenu nes imi deimlo fy nghalon i'n toddi. Dyna pryd y penderfynais i y baswn i'n mynd efo fo i Gaerdydd.

| *cip (eg)* | glimpse | *toddi* | to melt |

PENNOD 5

'Roeddwn i'n meddwl y basai hi'n gyfle da i mi weld y coleg,' meddwn i wrth Mam a Dad. Roedden ni'n cael paned yn y gegin ar ôl i mi gyrraedd adref y noson honno.

'Beth am dy waith ysgol di?' gofynnodd Mam. 'Bydd gen ti lawer o waith copïo.'

'Na fydd,' atebais i. 'Mae gen i wers rydd ar ddydd Llun, a dydy John Price Saesneg ddim yno chwaith, ar y foment.'

'Pwy ydy'r Steffan 'ma?' holodd Dad. 'Ble mae o'n byw?'

'Un o Fangor ydy o,' atebais i, gan sylweddoli yn sydyn nad oeddwn i'n gwybod ei gyfenw o hyd yn oed, heb sôn am ei gyfeiriad o. 'Mae o'n ffrind i un o ffrindiau Siân sydd yn y coleg yno. Dw i wedi ei gyfarfod o unwaith neu ddwy o'r blaen. Digwyddais i sôn y baswn i'n hoffi gweld Prifysgol Caerdydd, a dywedodd o fod diwrnod agored yno ddydd Llun. Dywedodd o hefyd fod croeso i mi gael lifft i lawr efo fo ac aros dros nos efo chwaer ei ffrind.'

'Ble mae hi'n byw?' gofynnodd Dad eto.

'O, yn un o'r neuaddau. Mae hi'n rhannu stafell efo hogan arall, ond mae honno adre'n sâl ar y funud, felly bydd hyd yn oed gwely i mi.'

'Wel, mae hynny'n rhwbath,' meddai Mam. 'Faswn i ddim yn hoffi meddwl amdanat ti'n cysgu ar lawr caled.'

---

cyfenw (eg)   surname

'Gaf i fynd, felly?' gofynnais i, yn synnu pa mor hawdd oeddwn i'n gallu dweud celwydd golau.

'Wn i ddim, wir,' meddai Mam. 'Beth rwyt ti'n ddeud, Ifor?'

'Basai fo'n arbed arian,' meddwn i, cyn i Dad gael ateb.

Siaradon ni nes oedd hi'n chwarter wedi un yn y bore. Erbyn hynny, roeddwn i wedi perswadio Mam a Dad bod mynd i lawr i Gaerdydd efo Steffan yn gyfle rhy dda i'w golli. Roeddwn i'n gwybod, wrth gwrs, y basai'r stori am y coleg yn siŵr o weithio. Roedd Mam a Dad yn gallu bod yn eithaf cul, a hyd yn oed yn llym am rai pethau, ond roedd addysg yn golygu llawer iddyn nhw.

Chysgais i ddim am amser hir y noson honno. Roeddwn i wedi blino, ond roedd fy meddyliau i'n mynd rownd a rownd. Oeddwn i'n gwneud peth gwirion? Beth tasai Mam neu Dad yn digwydd gweld un o rieni rhywun o'r ysgol ac yn sôn fy mod i wedi mynd i ddiwrnod agored yng Nghaerdydd? Gobeithio na fasen nhw'n digwydd gweld mam Luned Harris. Roedd hi'n gwybod dyddiad diwrnod agored bob coleg drwy'r wlad. Fasai Mam na Dad ddim yn gweld colli diwrnod o ysgol i fod efo rhyw hogyn yn jôc o gwbl. Fasen nhw ddim yn gweld dweud celwydd fel yna yn jôc chwaith. Pryd roedd celwydd golau yn troi'n gelwydd iawn? Dyna'r cwestiwn. Doeddwn i ddim yn hoffi dweud celwydd wrthyn nhw.

Ar ôl meddwl am amser hir penderfynais i fy mod i ddim yn gwneud dim byd mawr o'i le. Wedi'r cyfan,

---

arbed	to save	*llym*	strict
cul	narrow	*o'i le*	wrong

roeddwn i wedi cyrraedd Blwyddyn Deuddeg a doeddwn i erioed wedi mitsio. Roeddwn i'n ddwy ar bymtheg. Roedd gen i hawl i ambell ddiwrnod i mi fy hun.

Roeddwn i'n teimlo'n well ar ôl meddwl fel hyn a syrthiais i i gysgu o'r diwedd.

---

mitsio   to play truant   *hawl* (*eb*)   right

PENNOD 6

Roedd bore dydd Sul yn wallgof. Chlywais i mo'r
larwm, ac oni bai am Mam, faswn i byth wedi codi
mewn pryd. Ffoniais i Steffan tua hanner awr wedi un
ar ddeg. Pan glywais i ei lais o roeddwn i'n falch fy
mod i wedi penderfynu mynd.

Doedd gen i ddim llawer o amser i bacio. Doedd dim
angen llawer arna i, ond roeddwn i'n methu penderfynu
beth i'w wisgo. Bues i'n rhedeg o gwmpas y tŷ'n wyllt,
yn smwddio un peth ac yn gwnïo botwm ar rywbeth
arall. Roedd llanast ofnadwy yn fy llofft i. Roeddwn i
wedi tynnu pob dilledyn oedd gen i allan o'r wardrob ac
roedden nhw dros y gwely a'r llawr. Dywedais i wrth
Mam fod llanast yn fy llofft, ac addewais i ei glirio ar ôl
dod yn ôl. Chymerodd hi ddim llawer o sylw, achos ei
bod hi'n rhy brysur yn y gegin. Roedd Mam yn gwneud
cinio mawr bob dydd Sul, fel tasai neb yn mynd i fwyta
am ddiwrnodau wedyn. Roeddwn i'n rhy gynhyrfus i'w
fwynhau heddiw ac ar bigau'r drain rhag ofn i mi fod
yn hwyr.

Cofiais i'n sydyn i ffonio Mared i ddweud wrthi hi
am gadw popeth yn ddistaw yn yr ysgol, ac i ddweud
wrth Siân am beidio â dweud wrth neb lle roeddwn i'n
mynd. O'r diwedd, roeddwn i'n barod.

---

gwallgof	mad, insane	*llofft* (*GC*) (*eb*)	*ystafell wely*
oni bai	were it not for	*addo* (*addaw-*)	to promise
gwnïo	to sew	*ar bigau'r drain*	on tenterhooks
llanast (*eg*)	mess		

'Cofia fod rhaid i ti ddal y bws pump o'r gloch o Gaerdydd,' meddai Mam wrth i mi adael y tŷ. 'Daw Dad i dy nôl di o'r orsaf fysys yn y dre. Gobeithio bod yr hogyn Steffan 'na'n yrrwr gofalus.'

Gafaelais i yn Mam a rhoi sws fawr iddi hi. Roedd golwg mor bryderus ar ei hwyneb hi.

'Peidiwch â phoeni,' meddwn i. 'Mae o wedi arfer gyrru i Gaerdydd. Wela i chi nos fory, tua un ar ddeg.'

Doedd Mam byth yn teimlo'n hapus pan oeddwn i'n teithio yng nghar un o fy ffrindiau. Roeddwn i'n gwybod pam, wrth gwrs. Roedd hi wedi colli ei mab mewn damwain car. Er bod dros bymtheg mlynedd ers hynny, roedd hi'n dal i deimlo'r golled, ac yn dal i bryderu rhag ofn i rywbeth tebyg ddigwydd i mi. Roeddwn i'n fwy fel merch iddi hi nag wyres.

Roedd hi'n wahanol i mi. Babi oeddwn i pan gafodd fy mam a fy nhad iawn eu lladd. Doeddwn i ddim yn eu cofio o gwbl. Roeddwn i wedi edrych ar y llun priodas ar y dreser sawl gwaith ac wedi dychmygu sut fasai fy mywyd tasai'r cwpl golygus a oedd yn gwenu arna i o'r llun yn dal yn fyw. Ond doeddwn i erioed wedi teimlo fy mod i wedi cael unrhyw gam neu golled o beidio â chael fy magu gan fy rhieni iawn. Roeddwn i wedi cael y gofal gorau a phob cariad gan Mam a Dad.

'Ydyn nhw'n gwneud Celf yn y Brifysgol yng Nghaerdydd?' holodd Dad yn sydyn wedi i ni adael Caernarfon.

'O . . . y . . . na, ond efallai dewisia i wneud Saesneg

---

sws (*eb*)	kiss	*wyres* (*eb*)	grand-daughter
pryderus	anxious	*cam* (*eg*)	wrong
colled (*eb*)	loss	*gofal* (*eg*)	care
pryderu	to worry	*celf* (*eb*)	art

. . . dyna pam roeddwn i isio gweld y lle gymaint,' atebais i'n gyflym.

'Roeddwn i'n meddwl dy fod ti wedi penderfynu gwneud Celf,' meddai Dad eto.

'Wel, mae rhaid meddwl am rwbath arall, rhag ofn,' dywedais i.

'Rhag ofn i ti fethu cael lle mewn coleg Celf?' meddai Dad, â syndod yn ei lais. 'Dydy hynny ddim yn debygol efo'r ddawn sy gen ti.'

'Mae gwneud Saesneg yn apelio ata i hefyd,' meddwn i. 'Efallai mai dyna wnaf fi yn y diwedd.'

Roeddwn i'n hoffi Saesneg. Roeddwn i bob amser yn cael marciau da ynddo fo. Ond Celf roeddwn i'n ei hoffi fwyaf. Roeddwn i wrth fy modd yng nghanol aroglau paent. Roedd Dad wedi troi'r atig yn stiwdio i mi ac yn y fan honno roeddwn i'n treulio fy amser rhydd yn paentio. Roedd athrawes wych gen i yn yr ysgol ac roeddwn i'n dod ymlaen yn dda efo hi. Celf oedd fy hoff bwnc i ac roeddwn i'n gobeithio cael gwaith oedd yn ymwneud â Chelf mewn rhywffordd ar ôl gadael y coleg.

'Beth mae Steffan yn wneud yn y coleg?' holodd Dad.

'Ym . . . Mathemateg a rhwbath,' oedd y peth cyntaf a ddaeth i fy meddwl i. 'Mathemateg wnaeth fy nhad i, yntê?' meddwn i'n gyflym, rhag ofn i Dad holi mwy am Steffan.

'Ia.'

Aeth Dad yn dawel. Roeddwn i'n difaru wedyn fy mod i wedi sôn am fy nhad. Roeddwn i hefyd yn difaru

---

dawn (*eb*)   talent   *difaru*   to regret
aroglau (*eg*)   smell

fy mod i wedi dweud fy mod i'n mynd i weld Prifysgol Caerdydd. Efallai nad oedd Mam a Dad eisiau i mi fynd yno. Efallai bod cofio llwyddiant, ac yna marwolaeth sydyn fy nhad yn brifo gormod.

Siaradon ni am bethau bach am weddill y ffordd. Roedd Dad yn benderfynol o weld Steffan. Parciodd o'r car o flaen y neuadd, yn lle fy ngollwng i wrth y ffordd i mewn fel roeddwn i wedi gofyn iddo fo. Pan ddaeth Steffan es i i'w gyfarfod o'n syth. Roeddwn i isio'i rybuddio fo fy mod i wedi dweud wrth Dad mai mynd i weld y coleg oeddwn i. Roedd Dad yn edrych yn fwy hapus o lawer ar ôl cael gair neu ddau efo Steffan. Ond gwnes i'n siŵr na chafodd o gyfle i holi Steffan cyn iddo fo fynd am adref.

---

gweddill (eg)   rest   *penderfynol*   determined

PENNOD 7

'Dw i'n falch dy fod ti wedi penderfynu dod,' meddai Steffan wrth roi fy mag i yng nghefn y car.

'A fi,' atebais i, yn teimlo'n swil iawn yn sydyn. Roeddwn i wedi bod ar bigau'r drain pan oedd Dad yn siarad efo Steffan a doeddwn i ddim wedi cael amser i edrych yn iawn arno fo, nac i ddweud dim byd call. Rŵan, dechreuodd fy nghalon i fynd yn wirion eto.

Mwynheais i'r siwrnai i lawr i'r de. Roeddwn i wedi bod yng Nghaerdydd sawl gwaith o'r blaen, ac roeddwn i wedi meddwl, bob tro, fod y siwrnai fel mynd i ben draw'r byd. Roedd y tro hwn mor wahanol. Siaradon ni gymaint, a chwerthin cymaint, nes oedd y milltiroedd yn gwibio heibio heb i ni feddwl.

Erbyn i ni gyrraedd Merthyr roeddwn i wedi cael llawer o hanes Steffan. Steffan Morgan oedd ei enw fo ac roedd o'n byw ym Mae Colwyn. Roedd ei dad o'n brifathro yn y dref, a'i fam o'n feddyg yn Ysbyty Glan Clwyd. Roedd ganddo fo chwaer ddeuddeg oed o'r enw Siwan, a brawd pymtheg oed o'r enw Geraint, oedd wrth ei fodd yn coginio ac eisiau bod yn *chef*. Nid Mathemateg oedd Steffan yn ei wneud yn y coleg, chwaith, ond Cerddoriaeth. Roedd o'n chwarae'r ffidil. Dychmygais i fo'n chwarae'r ffidil yn wyllt, a'i wallt melyn o'n hongian yn flêr dros ei wyneb. Roeddwn i'n hoffi'r llun.

---

pen draw'r byd	other side of the world	*dychmygu*	to imagine
gwibio	to dart	*yn flêr*	untidily

Ces i bob math o hanesion am fywyd coleg gan Steffan, ac roedd o'n sôn cymaint am rai o'i ffrindiau, nes oeddwn i'n teimlo fy mod i'n eu hadnabod nhw fy hun, bron. Roedd o'n gwneud i fywyd coleg swnio'n llawer o hwyl, ac yn gwneud i mi obeithio y basai'r flwyddyn nesaf yn mynd yn gyflym er mwyn i mi gael mynd i'r coleg fy hun.

Dywedais i fy hanes wrth Steffan, hefyd. Dywedais i fod fy mam a fy nhad wedi cael eu lladd mewn damwain car pan oeddwn i'n fabi, a fy mod i wedi cael fy magu gan fy nain a fy nhaid. Soniais i am fy niddordeb mewn celf, am fy stiwdio yn yr atig, am fy ffrindiau ysgol ac am fy athrawon. Mae'n rhaid i mi gyfaddef, roeddwn i wedi siarad cymaint nes oedd fy ngheg i'n sych erbyn i ni gyrraedd Caerdydd.

Cyrhaeddon ni tua chwech o'r gloch. Ces i groeso mawr gan griw coridor Steffan. Roedd pawb yn gwneud llawer o sŵn, ac roedd miwsig uchel yn dod o bob ystafell. Roedd pawb yn galw 'Steff' ar Steffan, felly penderfynais i wneud yr un peth.

Daeth hogyn o'r enw Elfed i ystafell Steff. Tra oeddwn i'n siarad efo Sara a Lowri yn un gornel o'r ystafell roeddwn i'n gallu ei glywed o'n gofyn i Steff os mai fi oedd ei 'wedjen' o, a lle oeddwn i'n aros. Clywais i Steff yn chwerthin ac yn dweud fy mod i wedi dod i edrych o gwmpas y coleg, a fy mod i'n aros yn fflat Rhian, chwaer Guto. Roeddwn i'n meddwl ei fod o'n rhyfedd na fasai fo wedi dweud y rheswm go-iawn. Erbyn meddwl, doeddwn i ddim wedi clywed Steff yn sôn wrth neb am Elen, yr hogan oedd i fod yn debyg i mi. Felly wnes i ddim sôn dim am hynny, chwaith.

wedjen (DC) (eb)   girlfriend

Tua wyth o'r gloch penderfynodd pawb fynd i fflat Rhian. Roedd rhai o'r criw yn cario poteli ac roedd hi'n amlwg fod parti yn y gwynt. Roeddwn i'n edrych ymlaen at dipyn o sbort, a chwmni Steff. Gan nad oedd o wedi sôn am Elen ar y ffordd i lawr, nac ar ôl cyrraedd, roeddwn i wedi dechrau meddwl nad oedd hi'n bod. Oedd hi'n esgus er mwyn fy mherswadio i fynd i Gaerdydd?

PENNOD 8

'Gwell i ni gychwyn,' meddai Steff wrth godi ar ei draed. Roedd o'n edrych yn anghysurus. Roedd pawb arall yn gorwedd o gwmpas yr ystafell yn ddiog.

'Eistedd i lawr,' meddai Elfed. 'Dŷn ni ddim wedi bennu'r gwin eto.'

Yn fflat Rhian, chwaer Guto, oedden ni. Roeddwn i wedi bod yn mwynhau gwrando ar bawb yn dweud straeon. Ond roeddwn i wedi sylwi bod Steff, ers tua hanner awr, wedi bod yn edrych ar ei wats bob dau funud. Roedd hi'n amlwg ei fod o ar bigau'r drain, rhag ofn iddo fo golli gweld Elen yn Bar O'Brian. Dechreuais i deimlo'n ddigalon ar ôl sylweddoli hyn. Roeddwn i wedi yfed tipyn yn ormod, hefyd.

Roedd hi'n bum munud wedi deg.

'Y . . . oes rhaid i ni fynd?' meddwn i, gan orffen hanner gwydraid o win yn gyflym.

'Pam dych chi moyn mynd i Bar O'Brian?' gofynnodd Elfed. 'Mae digon 'da ni i'w yfed fan hyn.'

'O . . . y . . . roeddwn i isio i Llinos gyfarfod rhai o'r band sy'n dod i Bar O'Brian weithiau ar nos Sul,' meddai Steff. Roedd o'n edrych mor anghysurus fel y codais i'n syth.

'Dw i'n mynd i'r toiled cyn cychwyn,' meddwn i wrth afael ym mraich y gadair i sadio fy hun. Roedd pawb yn gwenu wrth weld hyn, pawb ond Steff. Roedd golwg bwdlyd arno fo.

---

anghysurus	uncomfortable	*sadio*	to steady
yn ddiog	lazily	*pwdlyd*	sulky
bennu (DC)	*gorffen*		

'Mae'n rhaid ei fod o'n dal i'w licio hi,' meddwn i wrth y drych yn yr ystafell ymolchi, 'neu pam fasai fo ddim wedi sôn amdani hi wrth y lleill?' Roeddwn i wedi sylwi hefyd nad oedd Steff wedi bod yn yfed llawer. Roedd hi'n amlwg ei fod o'n benderfynol o gyfarfod Elen yn sobr.

Roeddwn i'n teimlo'n ddigalon iawn a daeth dagrau i fy llygaid. Roeddwn i wastad yn teimlo'n ddigalon ar ôl yfed gormod.

'Mae o siŵr o fod yn meddwl dy fod ti'n hogan fach wirion sy'n methu dal ei diod,' meddwn i eto wrth y drych. 'Ond tasai fo ddim wedi sbio ar ei wats bob dau funud, a tasai'r Elfed 'na ddim wedi rhoi cymaint o win i mi, baswn i wedi bod yn iawn.'

Chwythais i fy nhrwyn a sblasio fy wyneb efo dŵr. Roedd fy mhen i'n teimlo fel tasai rhywun yn chwarae'r dryms arno fo.

Daeth cnoc ysgafn ar y drws. 'Llinos! Wyt ti'n iawn?' meddai Steff mewn llais isel. Roeddwn i eisiau dweud, 'Nac ydw, dw i ddim yn iawn, a dw i ddim isio mynd i gyfarfod dy Elen wirion di. Dw i'n difaru fy mod i wedi dod yr holl ffordd i lawr i Gaerdydd i wneud ffŵl ohono i fy hun.' Ond y cwbl ddywedais i oedd, 'Dw i'n dod allan rŵan.'

Wrth i ni adael y fflat, dw i'n cofio Rhian yn gweiddi rhywbeth am allweddi a Steff yn dweud na fasen ni'n hir. Roeddwn i wedi cymryd hynny fel arwydd fasai fo ddim eisiau bod yn fy nghwmni i'n hir iawn. Roeddwn i'n teimlo fel crio eto.

---

drych (*eg*)	mirror	*chwythu*	to blow
dagrau (*ll*)	tears	*arwydd* (*egb*)	sign
wastad	always		

Roeddwn i'n teimlo'n well yn yr awyr iach. Edrychais i ar Steff. Roedd yr olwg bwdlyd wedi mynd, ond roedd o'n edrych yn bryderus.

'Wyt ti'n siŵr dy fod ti isio mynd i Bar O'Brian?' gofynnodd o. 'Does dim rhaid i ti, cofia, ond basai hi'n wirion i ti beidio â'i gweld hi ar ôl dod mor bell.'

'Ia. Rwyt ti'n iawn,' dywedais i. Ond roeddwn i'n mwynhau fy hun efo'r criw. Doeddwn i ddim isio symud o'r fflat.

Wn i ddim am faint y buon ni'n cerdded. Roedd hi'n teimlo fel oes. Aethon ni ar hyd stryd o dai mawr, ac yn ôl y sŵn a oedd yn dod drwy rhai o'r ffenestri agored, tai myfyrwyr oedden nhw. Aeth pobl heibio i ni yn llawn chwerthin a siarad uchel. Roedd hi'n amlwg bod Steff yn adnabod rhai ohonyn nhw ond wnaeth o ddim aros i siarad efo nhw, dim ond mwmian ein bod ni'n mynd am beint cyn i'r bar gau.

Aethon ni ar hyd stryd arall, efo coed bob ochr iddi hi. Roedd hi'n noson braf, ac roedd yr awel yn gynnes. Basai hi wedi bod yn rhamantus cerdded yno efo Steff taswn i'n teimlo'n well. Roeddwn i hefyd yn ceisio cerdded yn iawn ac yn ceisio peidio ag ymddangos wedi meddwi. Unwaith, wrth wneud lle i ŵr a gwraig a'u ci fynd heibio, bu bron i mi faglu. Rhuthrodd Steff i afael yn fy mraich, ond ysgydwais i ei law i ffwrdd, gan ddweud fy mod i'n iawn. Wrth i mi gerdded ymlaen roedd fy mhen i'n clirio a fy nghoesau i'n sadio. Gafaelodd Steff yn fy mraich wrth i ni groesi heol brysur ond gollyngodd o fi'n ddiseremoni ar ôl cyrraedd yr ochr arall.

---

awel (eb)	breeze	*gollwng (gollyng-)*	to let go
baglu	to trip up		

''Dan ni bron yno,' meddai fo, wedi i ni droi cornel i stryd arall a oedd yn edrych yn hir iawn.

'Diolch byth!' mwmiais i. Dechreuais i gerdded yn gyflym o'i flaen, fel taswn i'n arwain byddin. Roeddwn i wedi mynd ychydig i fyny'r stryd pan glywais i Steff yn gweiddi ar fy ôl i. Troais i rownd, ac roedd o'n sefyll wrth dro i'r dde ar ochr arall i'r ffordd.

'Ffordd yma!' meddai fo.

Yn teimlo'n wirion, cerddais i yn ôl ato fo. Roedd o'n amlwg yn ceisio peidio â chwerthin. Yn sydyn, roeddwn i'n gweld popeth yn ddigri. Dechreuais i chwerthin a dyna lle buon ni'n dau am dipyn yn chwerthin yn iach, nes i Steff afael yn fy llaw a dechrau cerdded eto. Dechreuon ni siarad yn iawn wedyn, ac ymddiheurais i wrtho fo am fod mor wirion.

'Yfed gormod yn rhy sydyn wnes i,' meddwn i.

'Ia,' meddai fo. 'Dylwn i fod wedi dy rybuddio di am Elfed. Mae o'n iawn, ond mae'n meddwl fod pawb yn medru yfed mor gyflym â fo.'

Yn sydyn, gwelais i arwydd 'Bar O'Brian' o fy mlaen i. Roedden ni yno. Neidiodd fy nghalon, ac roeddwn i'n teimlo'n ansicr. Gwasgodd Steff fy llaw a gwenu arna i. Roeddwn i'n teimlo'n well wedyn.

Roedd y dafarn yn eithaf llawn, ac roedd band newydd orffen canu. Roedd Steff yn sbio'n eiddgar i bob cyfeiriad wrth brynu ein diodydd. Edrychais i o gwmpas hefyd ond yn y golau isel doeddwn i ddim yn medru gweld neb oedd yn debyg i mi.

---

mwmian (mwmi-)	to mumble	*tro (eg)*	turning
arwain	to lead	*digri*	amusing
byddin (eb)	army		

39

'Damia. Dŷn nhw ddim yma,' meddai Steff wrth fy arwain i at fwrdd ychydig o bellter oddi wrth y bar.

Roeddwn i'n eithaf balch mewn ffordd, ond dywedais i, 'Arna i mae'r bai. Dylen ni fod wedi dod yma'n gynt. Mae'n rhaid eu bod nhw wedi mynd.'

'Na, dw i ddim yn meddwl,' atebodd Steff. 'Fel arfer, nhw ydy'r rhai ola i fynd. Ella nad ydyn nhw wedi dod yma heno. Rhyfedd, hefyd, achos mae eu ffrindiau nhw yma. Yn y gornel acw maen nhw fel arfer.'

Edrychais i i gyfeiriad y criw oedd yn y gornel. Roedd gwallt tywyll gan o leia tair o'r genod ac roedd dwy ohonyn nhw a'u cefnau aton ni.

'Wyt ti'n siŵr nad ydy hi'n un o'r genod acw?' gofynnais i.

'Ydw,' meddai Steff, gan edrych o'i gwmpas unwaith eto. 'Mae'n ddigon hawdd adnabod y ddau. Mae o'n foi tal, croen tywyll, efo gwallt hir. Mae'r ddau'n edrych yn eitha trawiadol. Ond ella y dôn nhw eto. Maen nhw'n hwyr yn cyrraedd weithiau.' Edrychodd o ar ei wats. 'Ddim mor hwyr â hyn,' ychwanegodd o. 'Mae'n ddrwg gen i . . . dy lusgo di yma i ddim byd.'

'Mae'n iawn,' meddwn i, a phenderfynu'n sydyn y baswn i'n mynd i'r toiled i frwsio fy ngwallt. Tasen nhw'n dod i mewn yn hwyrach, roeddwn i eisiau teimlo fy mod i'n edrych cystal â'r Elen yma.

Gwelais i hogyn tal, croen tywyll efo gwallt hir, du yn siarad ar y ffôn ar fy ffordd i'r toiled. Wrth i mi agor y drws dechreuodd fy nghalon i gyflymu, ac roeddwn i'n gwybod y basai Elen yno.

---

yn gynt	earlier	*llusgo*	to drag
trawiadol	striking	*cystal â*	as good as

PENNOD 9

Wn i ddim pwy gafodd y sioc fwyaf. Roedd hi'n cribo'i gwallt pan ddes i i mewn. Sefais i yno yn syllu arni hi yn y drych. Ar ôl tipyn, cododd hi ei phen a sylwi arna i. Roedd y syndod ar ei hwyneb yn adlewyrchu'r syndod ar fy wyneb i. Roedd hi fel taswn i'n edrych arna i fy hun. Yn araf deg, troiodd hi i fy wynebu i.

'Elen, ia?' meddwn i. Roedd fy llais yn swnio'n ddistaw ac yn bell.

Ddywedodd hi ddim am dipyn, dim ond syllu arna i fel tasai hi wedi gweld ysbryd. Yna, dechreuodd hi gynhyrfu.

'S . . . Sophia? *Mi dispiace . . .*' sibrydodd hi, ac aeth ei llaw at ei cheg mewn syndod. Aeth ei hwyneb hi'n wyn. Roeddwn i'n meddwl am eiliad ei bod hi'n mynd i lewygu. Yna, daeth y lliw yn ôl i'w hwyneb, a dywedodd hi yn Saesneg, 'Dydy hyn ddim yn bosib . . . ond mae'n rhaid mai hi wyt ti. Deud mai Sophia ydy d'enw di.'

'Llinos ydy f'enw i,' atebais i yn Saesneg. Yna, eglurais i bod Steff wedi fy nghamgymryd i amdani hi ac wedi fy mherswadio i ddod i Gaerdydd i'w gweld hi drosta i fy hun.

'Tyrd i weld Lucas,' meddai hi. 'Mae o tu allan.'

---

cribo	to comb	*cynhyrfu*	to become agitated
adlewyrchu	to reflect	*sibrwd (sibryd-)*	to whisper
yn araf deg	very slowly	*llewygu*	to faint
ysbryd (eg)	ghost	*tyrd (GC)*	*dere (DC)*

41

Wrth i ni ddod allan o'r toiledau, roedd yr hogyn tywyll yn sefyll gyferbyn â'r drws.

'Uffern dân!' meddai fo wedi ei synnu wrth weld y ddwy ohonon ni.

Gafaelodd Elen yn nwylo Lucas a dechrau siarad yn gynhyrfus. Tra oedd hi'n siarad, roedd Lucas yn syllu arna i. Doeddwn i ddim yn medru canolbwyntio'n iawn ar beth roedd hi'n ei ddweud. Am beth oedd yr hogan yma'n sôn? Roedd hi'n dweud rhywbeth am chwaer. Doedd hi erioed yn meddwl fy mod i'n chwaer iddi hi? Ond doeddwn i ddim yn medru ei beio hi am feddwl hynny, chwaith. Roeddwn i'r un ffunud â hi. Gwelodd Lucas yr olwg ddryslyd ar fy wyneb i, ac meddai fo, 'Gwell i ni fynd i eistedd, Elena.'

'Ia,' meddwn i o'r diwedd. 'Awn ni at Steffan.'

Roeddwn i'n ymwybodol o ddau beth. Roedd fy nghoesau i'n teimlo'n wan ac roedd Lucas wedi galw Elen yn Elena.

Pan welodd Steff ni, neidiodd o ar ei draed a gwenu.

'Sut mae,' meddai Lucas wrth eistedd. 'Dyma Elena Moscatelli, fy nghariad i. Lucas Warren dw i. Diolch am ddod o hyd i chwaer Elena.'

'Dach chi wedi gwneud camgymeriad . . .' dechreuais i.

'Does dim camgymeriad o gwbl,' meddai Elena. 'Dwedodd Mam wrtha i pan oedd hi'n sâl fod gen i efaill. Mae unrhyw un yn medru gweld dy fod ti'n efaill i mi.'

---

uffern dân!	bloody hell!	*ymwybodol*	aware
canolbwyntio	to concentrate	*efaill (eg)*	twin
beio	to blame		

'Dw i'n cytuno,' meddai Lucas. 'Dach chi'r un ffunud.'

'Ond does gen i ddim chwaer,' protestiais i, 'heb sôn am efaill! Dw i'n gwybod bod Elen . . . sori, Elena . . . yn debyg iawn i mi, a dw i'n medru gweld sut wnaeth Steff fy nghamgymryd i amdani hi. Ces i dipyn o sioc fy hun pan welais i Elena gynta ond mae'r pethau 'ma'n digwydd weithiau. Dach chi'n clywed am bobl yn dod ar draws rhywun sy'n debyg iawn iddyn nhw . . .'

Ond roedd hi'n amlwg mai fi oedd yr unig un oedd yn amau Elena. Beth roedd hi'n ceisio ei awgrymu? Fasai fy nain a fy nhaid byth yn cuddio rhywbeth mor bwysig oddi wrtha i.

'Dwedaist ti fod dy fam, pan oedd hi'n sâl, wedi deud fod gen ti efaill,' dywedais i. 'Pryd oedd hynny?'

'Dwy flynedd yn ôl, cyn iddi hi farw,' atebodd Elena.

'Mae'n ddrwg iawn gen i am dy fam,' mwmiais i. 'Ond, ti'n gweld, fuodd fy mam i farw pan oeddwn i'n fabi. Cafodd hi a fy nhad eu lladd mewn damwain car. Dw i ddim yn eu cofio nhw.'

'Damwain car?' meddai Elena'n sydyn, gan roi ei llaw ar fraich Lucas. 'Mae hynny bron yn profi . . .'

Daeth criw o ffrindiau Lucas ac Elena i ddweud 'nos da'. Roedden nhw'n siarad o gwmpas y bwrdd am dipyn bach, ac wrth iddyn nhw siarad, roedden nhw'n syllu'n rhyfedd arna i. Clywais i un hogyn yn dweud wrth Elena nad oedd o'n gwybod o'r blaen fod ganddi hi chwaer. Wn i ddim beth ddywedodd hi'n ôl wrtho fo. Doedd hi ddim fel tasai hi'n gwrando'n iawn ar yr un ohonyn nhw. Roedd hi'n nodio'i phen, ac yn esgus gwenu, a golwg bell yn ei llygaid hi.

---

awgrymu	to suggest	*profi*	to prove
esgus	to pretend		

Yn sydyn, teimlais i law Steff yn gafael yn fy llaw i'n dyn, a phan edrychais i arno fo, roeddwn i wedi synnu pa mor bryderus roedd o'n edrych.

'Mae'n ddrwg gen i,' meddai fo'n ddistaw. 'Ddylwn i ddim fod wedi gofyn i ti ddod yma.'

'Beth rwyt ti'n feddwl?' meddwn i'n flin, ond roeddwn i'n gwybod yn iawn beth roedd o'n ei feddwl hefyd.

'Gwranda, Llinos,' meddai fo. 'Mae gen i ofn y bydd hyn i gyd yn achosi poen i ti. Wnes i ddim meddwl na sylweddoli . . .'

'Am beth rwyt ti'n rwdlian?' meddwn i'n bwdlyd. Ond roedd cefn fy llygaid yn llosgi.

Gadawodd ffrindiau Elena a Lucas a chododd Steff a dweud bod rhaid i ni fynd hefyd. Dechreuodd Elena fy holi. Pa mor hir oeddwn i'n aros yng Nghaerdydd? Oedd gen i lun o fy mam a fy nhad yn fy mag? Oeddwn i'n medru dod i'w chyfarfod hi yfory yn y siop lle roedd hi'n gweithio?

''Dan ni'n wirion,' meddai Lucas yn sydyn, fel roedden ni'n symud at y drws. 'Pryd wyt ti'n cael dy ben-blwydd, Llinos?'

'Roeddwn i'n ddwy ar bymtheg oed ar Ebrill y trydydd,' atebais i fel robot.

Sgrechiodd Elena a neidio i fyny ac i lawr fel plentyn pump oed.

'Mae fy mhen-blwydd i ar Ebrill y trydydd hefyd!' meddai hi. 'Roeddwn i'n gwybod! Roeddwn i'n gwybod!'

---

yn flin	angrily	*rwdlian*	to talk nonsense

'Ara deg, ara deg,' meddai Lucas, gan sefyll a gafael yn ei braich. 'Mae 'na rywbeth o'i le. Rwyt ti'n ddeunaw.'

'Dw i ddim yn deall,' meddai Elena yn ddryslyd. 'Mae'n rhaid bod camgymeriad. Wyt ti'n siŵr nad wyt ti'n ddeunaw?'

'Dw i *yn* gwybod faint ydy f'oed i!' atebais i'n bigog.

'Beth am drafod hyn fory?' meddai Steff. 'Mae rhaid i Llinos fynd yn ôl i'r fflat. Mae'n mynd yn hwyr.'

'Dw i'n cytuno,' meddai Lucas. 'Fedri di ddod i gyfarfod Elena yn y siop fory, Llinos?'

'Y . . . medraf, am wn i . . .' atebais i, gan edrych ar Steff.

'Dof i efo ti,' meddai fo. 'Awn ni yn y car.'

Chwiliodd Elena yn ei bag am feiro a darn o bapur ac ysgrifennodd hi gyfeiriad y siop arno fo'n ofalus.

'Un o'r gloch. Ydy un o'r gloch yn iawn?' gofynnodd hi, wrth wthio'r papur i fy llaw i.

'Ydy, dw i'n meddwl,' mwmiais i.

Wrth i ni ffarwelio â nhw, roeddwn i'n gallu teimlo braich Steff am fy nghanol, yn fy arwain i allan o'r dafarn.

---

pigog   irritable

Cerddodd Steff a fi yn ôl i fflat Rhian. Siaradon ni ddim am amser hir. Doeddwn i ddim yn medru gwneud synnwyr o'r hyn a oedd wedi digwydd. Roeddwn i wedi cyfarfod hogan a oedd yn honni ei bod hi'n efaill i mi.

Roedd rhaid bod camddealltwriaeth rywle. Ond yng ngwaelod fy nghalon roeddwn i'n gwybod bod hynny'n annhebygol. Yr unig wahaniaeth gallwn i ei weld rhyngddon ni oedd ei bod hi'n fwy soffistigedig ac annibynnol na fi.

Roedd cyfarfod Elena wedi rhoi sioc i fi. Roeddwn i'n teimlo'n ansicr ac yn ofnus ac roeddwn i'n llawn o amheuon a chwestiynau. Achos fy mod i wedi ymgolli ym fy meddyliau, doeddwn i ddim wedi sylweddoli bod braich Steff yn dynn am fy nghanol.

'Mae'n ddrwg gen i,' meddai Steff yn dawel.

'Wyt ti'n meddwl ei bod hi'n chwaer i mi?' gofynnais i.

'Mae'n debyg ofnadwy i ti.'

'Ond dydy hi ddim yn medru bod yn efaill i mi os ydy hi'n flwyddyn yn henach na fi.'

'Hwyrach bod camgymeriad ynglŷn â'i dyddiad geni hi.'

'Neu f'un i.'

'Ia.'

'Mae'n rhaid bod esboniad arall. Fasai Mam a Dad byth yn deud celwydd fel 'na wrtha i am flynyddoedd, fasen nhw?'

---

honni   to claim   *annibynnol*   independent

'Hwyrach y basen nhw, i arbed poen i ti. Beth sy ar dy dystysgrif geni di?'

Meddyliais i am dipyn. Doeddwn i erioed wedi gweld fy nhystysgrif geni. Roeddwn i wedi bod yn dweud ar ddechrau'r flwyddyn y baswn i'n hoffi anfon am basbort. Roedd rhai o'r ysgol yn mynd tramor yn ystod gwyliau'r haf, ac roeddwn i wedi meddwl efallai y baswn i'n mynd. Ond perswadiodd Mam fi i beidio â mynd. Doeddwn i erioed wedi bod tramor ar fy ngwyliau efo Mam a Dad chwaith. I Lundain neu Iwerddon y basen ni'n mynd, neu i un o'r parciau hamdden yn Lloegr.

'Faset ti'n falch tasai hi'n wir fod gen ti chwaer?' gofynnodd Steff.

'Wn i ddim,' atebais i'n dawel. 'Baswn i'n siomedig tasai Mam a Dad wedi bod yn fy nhwyllo i drwy'r amser.'

'Medra i ddeall sut rwyt ti'n teimlo,' meddai Steff. 'Ond beth am ddisgwyl nes cei di air efo Elena fory. Ella y bydd pethau'n gwneud mwy o synnwyr wedyn.'

Roeddwn i wedi blino cymaint, fel y cysgais i bron yn syth y noson honno, er gwaethaf popeth. Ond deffrais i'n sydyn yng nghanol y nos oherwydd sŵn y tu allan, a doeddwn i ddim yn medru mynd yn ôl i gysgu wedyn.

Dechreuodd fy meddwl droi eto. Beth roeddwn i'n ei wybod amdana i fy hun, wedi'r cwbl? Dim ond yr hyn roedd Mam a Dad wedi'i ddweud wrtha i. Doeddwn i erioed wedi amau eu gair. Oedden nhw wedi cuddio rhywbeth oddi wrtha i?

---

tystysgrif (*eb*)	certificate	*er gwaethaf*	in spite of
twyllo	to deceive	*cuddio*	to hide
synnwyr (*eg*)	sense		

Wrth feddwl amdanyn nhw cofiais i'n sydyn fy mod i wedi addo ffonio Mam ar ôl cyrraedd. Yng nghanol popeth roeddwn i wedi anghofio'n llwyr. Fasen nhw'n poeni? Roeddwn i'n gallu gweld wyneb pryderus Mam yn edrych ar y cloc ac yn dweud wrth Dad, 'Beth rwyt ti'n feddwl sy'n bod? Pam dydy hi ddim wedi ffonio?' Un munud roeddwn i'n teimlo'n ddig efo fi fy hun nad oeddwn i wedi cofio ffonio. Y munud nesaf roeddwn i'n cofio bod posibilrwydd eu bod nhw wedi gwneud cam mawr â fi. Mwya roeddwn i'n meddwl am y peth, mwya cynhyrfus roeddwn i'n mynd.

Un peth braf oedd bod Steff wedi fy nghusanu wrth adael y fflat. Doedd Elena ddim yn fygythiad i fy mherthynas i efo Steff wedi'r cyfan. Roedd yn amlwg nad oedd Steff erioed wedi siarad efo hi. Doedd o ddim yn gwybod nad oedd hi'n medru siarad Cymraeg. Roedd o hefyd wedi camglywed ei henw. Roeddwn i'n ddiolchgar iddo fo am fod yn sensitif a charedig efo fi.

Meddyliais i am Elena'n sibrwd geiriau Eidaleg pan welodd hi fi gyntaf. Roedd hi wedi fy ngalw i'n 'Sophia'. Ond sut roeddwn i'n medru bod yn chwaer iddi hi? Cymro oedd fy nhad a Saesnes oedd fy mam. Roedd hi'n debyg i Eidales . . . ond roedd hi'n debyg i mi hefyd. Daeth teimlad o banig llwyr drosta i am funud. Efallai doedd Mam a Dad ddim yn nain a thaid iawn i mi wedi'r cwbl. Efallai doedden nhw ddim yn perthyn i mi! Eisteddais i i fyny a throi'r golau ymlaen. Neidiais i o'r gwely a syllu arna i fy hun yn y drych. Ond beth oedd yn bod arna i? Roedd gen i lygaid tywyll

---

bygythiad (*eg*)	threat	*Eidaleg*	Italian
camglywed	to mishear		
(*camglyw-*)			

fel Dad, gwallt tywyll yr un lliw â fy nhad iawn, a thrwyn fel trwyn fy mam iawn. Ond roeddwn i hefyd yr un ffunud ag Elena. Pwy oedd hi? Pwy oeddwn i? Es i'n ôl i fy ngwely yn beichio crio.

---

beichio crio   to sob

PENNOD 11

Deffrais i'n sydyn. Roedd ffôn yn canu yn rhywle. Doedd gen i ddim syniad am eiliad ble roeddwn i. O'r diwedd, sylweddolais i mai yn fflat Rhian oeddwn i, ac nad oedd neb ond fi yna.

Codais i o'r gwely a dod o hyd i'r ffôn yn yr ystafell fyw. Steff oedd yna. Dywedodd o ei fod o'n galw heibio ymhen awr.

Roeddwn i wedi synnu ei bod hi'n hanner awr wedi deg. Cofiais i fy mod i wedi edrych ar fy wats tua chwech o'r gloch y bore pan glywais i Rhian yn codi. Doeddwn i ddim mor ddigalon ag oeddwn i wedi bod ychydig o oriau yn ôl.

Brysiais i i ymolchi a gwisgo a chribo fy ngwallt cyn i Steff gyrraedd. Wrth edrych arna i fy hun yn nrych yr ystafell ymolchi, meddyliais i am Elena. Roedd fy llygaid wedi chwyddo ar ôl bod yn crio yn y nos. Rhoiais i ddŵr oer arnyn nhw. Roeddwn i'n gobeithio y baswn i'n edrych yn well erbyn i Steff ddod.

Gwnes i baned o goffi a brechdan, ac yna casglais i'r gwydrau a'r poteli gwag o'r ystafell fyw. Golchais i'r llestri a'u gadael i sychu. Erbyn i mi orffen, roedd hi bron yn hanner awr wedi un ar ddeg.

Roeddwn i'n meddwl am ffonio Mam yn Y Pantri Bach, rhag ofn ei bod hi'n poeni achos nad oeddwn i wedi ffonio neithiwr. Es i at y ffôn ddwywaith neu dair, ond bob tro roeddwn i'n mynd i afael ynddo fo, roedd rhywbeth yn gwneud i mi dynnu fy llaw yn ôl, ac

---

chwyddo   to swell

roeddwn i'n teimlo'n annifyr. O'r diwedd, ffoniais i. Roedd Mam yn falch iawn fy mod i wedi ffonio, ac roedd hi'n holi am y siwrnai i lawr ac am y coleg. Dywedais i nad oedd gen i ddim llawer o amser i sgwrsio a mwmiais i rywbeth am orfod mynd yn ôl i mewn i'r coleg mewn dau funud.

'Wyt ti'n siŵr dy fod ti'n iawn?' gofynnodd hi.

'Ydw, iawn,' atebais i. 'Gwela i chi heno. Hwyl.'

Am eiliad, cyn rhoi'r ffôn i lawr, bu bron i mi ofyn iddi hi a oedd gen i berthnasau yng Nghaerdydd, ond stopiais i fy hun mewn pryd.

Eisteddais i am ychydig. Roeddwn i'n edrych ymlaen at weld Steff, ac eto roedd ofn arna i, achos ei fod o'n mynd â fi i gyfarfod Elena eto. Roedddwn i'n teimlo fel taswn i mewn ystafell aros mewn meddygfa. Yn sydyn, canodd y gloch. Rhedais i i lawr y grisiau i agor y drws, a dyna lle roedd Steff yn sefyll a bocs *pizza* yn ei ddwylo.

'Dw i wedi dod â rhwbath i ni fwyta,' meddai fo. 'Wyt ti'n hoffi caws a tomato? Newydd ei brynu o . . . gobeithio ei fod o'n dal yn gynnes.'

Doedd gen i ddim calon i ddweud wrtho fo nad oeddwn i'n teimlo fel bwyta. Diolchais i iddo fo, ac ar ôl mynd i fyny, es i i wneud paned o goffi i'r ddau ohonon ni. Bwyton ni yn y gegin, fel gŵr a gwraig bach, bob ochr i'r bwrdd. Mwynheuais i'r *pizza*, wedi'r cwbl. Roeddwn i'n teimlo'n llai nerfus erbyn hyn, a dechreuais i ymlacio wrth wrando ar Steff yn siarad am y coleg. Yna, ar ôl gorffen bwyta, gofynnodd o, 'Ydy'r cyfeiriad gen ti?'

---

annifyr uneasy

'Ydy,' meddwn i. Rhoiais i'r darn o bapur a oedd wedi bod yn llosgi ym mhoced fy jîns i drwy'r bore iddo fo.

'Cellar Seven,' darllenodd Steff yn araf. 'Crwys Road. Dw i'n meddwl fy mod i'n gwybod lle mae'r siop. Siop pethau ail-law ydy hi, dw i'n meddwl. Dim ond ychydig o funudau fydd hi yn y car.'

'Mae gynnon ni amser i glirio popeth, felly,' meddwn i gan godi, yn teimlo'n falch o esgus i beidio â chychwyn. Roedd o'n deimlad rhyfedd. Roedd un rhan ohono' i eisiau gwybod mwy am Elena, a rhan arall yn ofni gwybod mwy, ac eisiau aros yn y fflat yn ddiogel.

'Rwyt ti wedi clirio digon, faswn i'n deud,' meddai Steff. 'Mae'r stafell fyw dipyn gwahanol i beth oedd hi neithiwr cyn i mi fynd.'

Daeth golwg swil dros ei wyneb yn sydyn, a dechreuodd o sychu'r llestri, a'u rhoi'n daclus ar y bwrdd.

'Roeddwn i isio diolch i ti,' meddwn i.

'Am beth, dywed?' gofynnodd o.

'Am ddeall sut roeddwn i'n teimlo ar ôl i Elena ddeud yr hyn wnaeth hi,' meddwn i. 'Roedd hi'n gymaint o sioc. Roeddwn i'n falch o ddianc o'r dafarn oddi wrthyn nhw. Ond dw i'n teimlo'n wahanol erbyn hyn. Er fy mod i'n dal yn nerfus ac yn ofnus, dw i'n barod i'w gweld hi eto.'

'Rwyt ti'n edrych yn flinedig,' meddai fo. 'Gysgaist ti o gwbl neithiwr?'

Dywedais i hanes fy noson gynhyrfus wrtho fo, a'r rheswm pam roedd fy llygaid wedi chwyddo. 'Os ydan ni'n efeilliaid, wel fi ydy'r un mwya hyll heddiw, beth bynnag,' meddwn i gan chwerthin.

52

Gafaelodd Steff yno' i am eiliad. 'Rwyt ti'n hogan ddel iawn,' meddai fo. 'Taset ti'n gwybod cymaint dw i'n difaru fy mod i wedi gofyn i ti i ddod yma. Roeddet ti mor ddigalon neithiwr.'

'Paid â dy feio dy hun,' meddwn i. 'Dw i'n falch fy mod i wedi dod. Mae'n rhaid i mi gael gwybod os ydy Elena'n chwaer i mi neu beidio.'

PENNOD 12

Wrth i ni fynd yn y car roeddwn i'n llawer hapusach. Roedd Steff mor annwyl. Cofiais i am nos Wener ac am ei weld o am y tro cyntaf. Nos Wener! Roedd hynny'n ymddangos fel amser hir yn ôl, ac roeddwn i'n teimlo fel taswn i'n adnabod Steff ers misoedd. Meddyliais i mor braf fasai hi tasai'r diwrnod llawn gynnon ni i fynd o gwmpas Caerdydd. Siopa. Mynd i'r Amgueddfa, efallai. Cael pryd o fwyd mewn caffi . . .

'Hon ydy Ffordd Crwys,' meddai Steff, gan dorri ar draws fy meddyliau. Dechreuodd fy nghalon neidio. Chwiliais i bob ochr i'r ffordd am Cellar Seven. Yn sydyn, tynnodd Steff i mewn i ochr y ffordd. Edrychodd o o'i gwmpas.

'Bydd yn iawn parcio yn fan'ma am awr,' meddai fo.

Fedrwn i ddim gweld y siop am dipyn. Roeddwn i wedi bod yn chwilio am siop yn llawn o bethau ail-law. Yna, gwelais i hi. Roedd paent gwyrdd a glas hyfryd yn sgleinio yn yr haul, a'r geiriau Cellar Seven mewn llythrennau lliwgar uwchben y ffenestr a'r drws.

'Siop grochenwaith ydy hi, dw i'n meddwl,' meddwn i wrth frysio o'r car. Syllais i ar y crochenwaith o wahanol liwiau glas a gwyrdd. Am eiliad, roeddwn i wedi ymgolli yn y lliwiau, ac wedi anghofio'n llwyr ble roeddwn i, nes i Steff ofyn, 'Awn ni i mewn?'

Dynes ganol oed ddaeth aton ni. Pan holais i am Elena dywedodd hi ei bod yn aros amdanon ni yn y

---

sgleinio   to shine   *dynes* (*eb*) (*GC*)   *benyw* (*DC*)
crochenwaith (*eg*)   pottery

crochendy. Dywedodd hi wrthon ni am fynd drwy ddrws yng nghefn y siop.

'Wyt ti'n siŵr dy fod ti isio i mi ddŵad hefyd?' sibrydodd Steff wrth i ni fynd i'r cefn. 'Hwyrach y basai hi'n well gen ti gael sgwrs efo Elena ar dy ben dy hun.'

'Dw i am i ti glywed popeth,' meddwn i, 'rhag ofn i mi feddwl wedyn mai breuddwydio'r cyfan wnes i.'

Roedden ni mewn ystafell hir yn llawn o grochenwaith o bob math. Welais i mo Elena am eiliad. Roedd hi'n eistedd wrth fwrdd bach, yn peintio potyn.

'Dau funud,' meddai hi, heb godi ei phen.

'Ti sy wedi peintio'r crochenwaith sy yn ffenestr y siop?' gofynnais i.

'Ia,' meddai hi. 'Fi sy'n gwneud y rhan fwya o'r gwaith yn y siop.'

'Dw i'n meddwl bod y ffenestr yn wych,' meddwn i.

'Diolch,' meddai hi. 'Reit. Dyna'r gwaith peintio wedi'i orffen.'

Golchodd Elena ei dwylo.

'Bydd Mrs Powell yn disgwyl i chi fynd am ddau. Fy awr ginio i ydy hon, ond dw i wedi bwyta'n barod er mwyn i ni gael mwy o amser i siarad. Dewch i eistedd.'

Arweiniodd hi ni at fwrdd a chadeiriau yng nghornel yr ystafell.

'Eisteddwch,' meddai Elena. Tynnodd hi focs siocled mawr o fag lliwgar oedd yn hongian ar gefn ei chadair. Rhoiodd hi'r bocs ar y bwrdd. Roedd golwg drist ar ei hwyneb.

'Pethau Mam ydy'r rhain,' meddai hi'n dawel. 'Ces i nhw gan Ewyrth Luigi. Cefnder mam ydy Luigi. Mae

---

o bob math   of every type   *cefnder (eg)*   cousin

55

ganddo fo gaffi yn City Road. Cyn iddi hi farw roedd Mam wedi gofyn iddo fo roi'r rhain i mi ar fy mhen-blwydd yn ddeunaw oed.'

Edrychodd hi'n ofalus drwy'r amlenni, llythyrau a ffotograffau oedd yn y bocs. Estynnodd hi ffotograff i mi. 'Dyma lun o fy rhieni,' meddai hi.

Edrychais i ar y llun o ddyn a dynes ifanc yn eistedd o flaen drws adeilad. Roedd ei fraich o amdani hi, ac roedden nhw'n chwerthin. Dechreuodd fy llaw grynu wrth i mi sylweddoli fod wyneb y dyn wedi syllu arna i o'r dreser gartref ers i fi gofio. Ond nid y ddynes hon oedd y ddynes yn y llun gartref. Roedd y ddynes hon yn debyg i Elena. Roedd hi'n debyg i mi.

'Dw i ddim yn deall,' sibrydais i. 'Fy nhad ydy'r dyn, dw i'n siŵr o hynny, ond wn i ddim pwy ydy'r ddynes.'

'Fy mam i a dy fam di,' meddai Elena'n dawel. Rhoiodd hi ei llaw dros fy llaw i am eiliad gan ddweud. 'Dw i'n gwybod bod hyn yn boenus i ti; rwyt ti'n cael gwybod am dy fam iawn ar ôl iddi hi farw a chei di byth mo'r cyfle i'w chyfarfod. Ond meddylia amdano fo fel hyn, mae gen ti chwaer rŵan. Dweda i wrthot ti beth dw i'n wybod.'

'Iawn,' atebais i. Doedd pethau ddim yn gwneud synnwyr o gwbl.

Cymerodd Elena'r llun yn ôl, ac edrych arno fo am dipyn a golwg bell yn ei llygaid. Yna, gosododd hi fo'n araf ar y bwrdd, ac eistedd gyferbyn â ni i ddweud ei stori.

| *amlen* (*eb*) | envelope | *crynu* | to shake |

PENNOD 13

'Ces i fy ngeni yma yng Nghaerdydd,' meddai Elena. 'Roedd Mam a fi'n byw yn ardal Splott. Roedd Mam yn gweithio yng nghaffi Ewyrth Luigi, ac roedd hi'n rhoi gwersi Eidaleg weithiau hefyd. Mae Ewyrth Luigi'n briod â nyrs o Gasnewydd. Maen nhw wedi bod yn garedig iawn wrth Mam a fi. Yn enwedig pan oedd Mam yn sâl.'

Roedd Elena'n dawel am ychydig ac roedd ei gwefusau'n crynu. Yna, aeth hi ymlaen.

'Roedd Mam wedi dweud wrtha i bod fy nhad wedi cael ei ladd mewn damwain car, pan oeddwn i'n fabi. Doedd hi ddim yn siarad llawer amdano fo. Pan oeddwn i'n ei holi roedd hi bob amser yn troi'r stori. Yr unig beth ddywedodd hi amdano fo oedd ei fod o'n dod o Fryste a'i bod hi wedi ei gyfarfod o yng Nghaerdydd.'

Daeth lwmpyn i fy ngwddw pan soniodd Elena am Fryste. Roeddwn i'n gwybod bod Mam a Dad wedi byw yno.

'Dysgais i fod siarad am fy nhad yn gwneud fy mam yn drist,' ychwanegodd Elena, 'felly, yn y diwedd rhoiais i'r gorau i holi. Pan ddwedais i wrth Ewyrth Luigi unwaith y basai'n braf gwybod pwy oedd rhieni fy nhad, dywedodd o efallai nad oedden nhw'n gwybod dim byd amdana i. Doedd fy mam a fy nhad ddim wedi bod gyda'i gilydd yn hir. Basai'n well gadael i bethau fod. A dyna wnes i. Mam oedd yn bwysig i mi, ac Ewyrth Luigi a Modryb Sarah. Mae gan Ewyrth Luigi a

---

gwefusau (ll)   lips   *Bryste*   Bristol

Modryb Sarah ferch o'r enw Anna sy'n henach na fi. Mae'n briod ac mae ganddi hi fabi bach del.

'Roeddwn i'n gwybod mai un o Milan oedd fy mam. Ond roeddwn i'n gwybod, hyd yn oed pan oeddwn i'n fach iawn, nad oedd Mam yn hoffi siarad am ei rhieni. Dw i'n cofio holi Ewyrth Luigi amdanyn nhw. Dywedodd o eu bod nhw a Mam wedi digio efo'i gilydd. Pan oeddwn i'n henach deallais i pam. Roedden nhw wedi digio efo hi am ei bod wedi gorfod gadael y coleg oherwydd ei bod yn feichiog. Dywedodd Ewyrth Luigi eu bod nhw'n bobl gyfoethog, balch a chul iawn. Roedd Ewyrth Roberto, brawd Mam, yn llawfeddyg enwog yn Milan. Roedden nhw wedi gobeithio y basai fy mam yn dod â rhagor o glod i'r teulu. Roedden nhw wedi eu siomi, ac yn dweud bod Mam wedi dwyn gwarth arnyn nhw.'

'Felly, chest ti ddim cysylltiad â dy nain a dy daid o gwbl,' meddwn i'n araf.

'Naddo,' meddai Elena. 'Pobl ddieithr, yn byw mewn gwlad arall oedd fy nain a fy nhaid i mi. Yr unig gysylltiad oedd rhyngddo' i a nhw oedd y ffaith fy mod i'n medru siarad eu hiaith nhw. Mynnodd fy mam siarad Eidaleg efo mi gartref. Eidaleg fasai Ewyrth Luigi bob amser yn siarad efo fi hefyd.'

Daeth golwg bell i lygaid Elena unwaith eto.

'Pan oeddwn i tua wyth neu naw oed, dangosodd Mam lun o'i mam a'i thad a'i brawd i mi,' meddai hi. 'Roedden nhw'n eistedd wrth fwrdd gwyn o dan

digio	to anger	*dwyn gwarth*	to bring shame
beichiog	pregnant	*cysylltiad (eg)*	connection, contact
balch	proud	*pobl ddieithr*	strangers
llawfeddyg (eg)	surgeon	*mynnu*	to insist
clod (egb)	praise, renown		

goeden. Dw i'n cofio meddwl bod fy nain yn edrych yn falch iawn. Roedd eu tŷ mawr mor wahanol i'r fflat bach roedden ni'n byw ynddo fo. Dywedais i wrth Mam y baswn i'n hoffi mynd i'r Eidal rywbryd, a chytunodd hi. Roedd hi'n crio wrth ddal y llun. Addewais i i mi fy hun na faswn i byth eto'n holi am fy nain a fy nhaid. Dw i ddim yn gwybod beth ddigwyddodd i'r llun. Mae'n rhaid bod mam wedi ei daflu.

'Yna, tua dwy flynedd yn ôl,' ychwanegodd hi'n drist, 'dywedodd Mam wrtha i ei bod hi'n marw o gancr. Ychydig o wythnosau cyn iddi hi farw, sylweddolais i faint o boen roedd ei rhieni hi wedi ei achosi iddi hi. Roedden nhw wedi troi eu cefnau arni hi pan oedd hi eu hangen nhw fwyaf. Pan aeth hi adref i Milan ar ôl darganfod ei bod hi'n feichiog, roedd ei mam a'i thad wedi dweud wrthi hi am gael erthyliad cyn i neb o'u teulu na'u ffrindiau ddod i wybod am y peth. Aeth Mam yn ôl i Gaerdydd yn benderfynol o gadw'r babi, hyd yn oed os nad oedd hi'n mynd i'w gweld nhw byth eto . . .'

'Mae agwedd ei rhieni'n anodd ei deall,' meddai Steff.

'Roedd Mam yn dod o deulu cul a balch iawn,' meddai Elena. 'Yr unig beth oedd yn bwysig iddyn nhw oedd llwyddiant eu merch. Nhw laddodd Mam!' ychwanegodd hi, gan feichio crio. 'Roedd hi wedi cadw ei hiraeth a'i phoen iddi hi ei hun ar hyd y blynyddoedd.'

Roeddwn i wedi cynhyrfu wrth ei gweld mor anhapus. Es i ati hi a rhoi fy mreichiau amdani hi.

---

darganfod   to discover   *agwedd* (*eb*)   attitude
erthyliad (*eg*)   abortion

'Dyna fo,' meddwn i. 'Paid â chrio. Mae gen ti fi rŵan, cofia.'

Sylweddolais i beth roeddwn i wedi'i ddweud. Roeddwn i wedi cyfaddef, mewn ffordd, fy mod i'n chwaer iddi hi, er nad oeddwn i'n siŵr a oedd hynny'n wir.

Sychodd Elena ei dagrau ac anadlu'n ddwfn.

'Mae'n ddrwg gen i,' meddai hi, 'ond dw i'n dal i gofio tristwch Mam.'

Estynnodd hi lun arall o'r bocs, a'i roi ar y bwrdd. Llun du a gwyn o'r un hogan wallt du oedd o. Roedd hi'n eistedd ar wely ysbyty. Roedd dau fabi yn ei breichiau.

'Ti a fi ydy'r babanod,' meddai Elena.

Syllais i ar yr hogan a'r ddau fabi bach. 'Dy Ewyrth Luigi wnaeth ei dynnu o?' gofynnodd Steff, i dorri ar y distawrwydd.

'Nage,' meddai Elena. 'Roedd hyn cyn i Ewyrth Luigi symud i Gaerdydd. Llun gafodd ei dynnu gan bapur newydd lleol ydy hwn. Roedd copi o'r papur newydd ynghanol pethau Mam.

'Cyn iddi hi farw dywedodd Mam fod gen i efaill, ond gofynnodd hi i mi beidio â cheisio dod o hyd iddi hi nes i mi fod yn ddeunaw. Gofynnodd hi i mi faddau iddi hi, a dywedodd hi ei bod hi'n gobeithio y baswn i'n deall rywbryd. Roeddwn i isio'i holi hi, ond, wrth gwrs, wnes i ddim. Roedd hi'n rhy wael.

'Doedd Ewyrth Luigi a Modryb Sarah, chwaith, ddim yn gwybod bod gen i chwaer nes i Mam ddweud wrthyn nhw ychydig cyn iddi hi farw. Roedd hi wedi

---

cyfaddef   to admit   *maddau*   to forgive

gofyn iddyn nhw, hefyd, i beidio â chwilio am fy efaill nes oeddwn i'n ddeunaw oed. Roeddwn i'n mynd i ddechrau chwilio yn ystod fy ngwyliau haf, ond dyma ti wedi dod o hyd i mi!'

Roedd fy mhen i'n troi. Roeddwn i'n ceisio dilyn beth roedd Elena yn ei ddweud, ond mwya yn byd roedd hi'n ddweud, mwya yn y byd roeddwn i'n cynhyrfu.

'Felly wnaeth dy fam di ddim deud wrthot ti pwy wnaeth fagu dy chwaer di?' gofynnais i.

'Naddo,' atebodd Elena. 'Wnes i ddim gofyn iddi hi chwaith. Yr unig beth oedd yn bwysig i mi ar y pryd oedd plesio Mam. Ces i sioc pan ddywedodd hi wrtha i fod gen i chwaer. Mae Ewyrth Luigi a Modryb Sarah yn meddwl mai methu ymdopi efo'r ddwy ohonon ni roedd hi. Pan ddaethon nhw i'w gweld hi pan oedden nhw'n meddwl prynu'r caffi roedd hi'n isel ei hysbryd. Doedd ganddi hi ddim gwaith iawn, dim ond ychydig o oriau mewn tafarn pan oedd ei ffrindiau coleg yn medru dod i fy ngwarchod i. Cafodd hi waith gan Ewyrth Luigi yn y caffi wedyn. Gwnaeth hi wella ar ôl cael gwaith a chael rhai o'i theulu yn gefn iddi hi.'

Roeddwn i'n gwneud fy ngorau i ganolbwyntio. Ond roedd hi'n anodd. Roedd cymaint o gwestiynau gen i. Oedd Mam a Dad yn gwybod am Elena? Os oedden nhw, pam na fasen nhw wedi dweud wrtha i? Oedden nhw'n nain a thaid i mi o gwbl? Ond roedd ein tŷ ni'n llawn o bethau fy nhad. Roeddwn i wedi gweld ei hen lyfrau ysgol ac roedd ei gwpanau pêl-droed yn y cwpwrdd gwydr. Dim ond rhieni fasai'n cadw'r pethau hynny.

ymdopi   to cope   *gwarchod*   to babysit

Ond pam oedden nhw wedi gadael imi feddwl drwy'r amser mai'r ddynes ifanc hapus yn y wisg briodas yn y llun oedd fy mam? Cofiais i edrych ar luniau o'r briodas. William Stanton, fy nhaid i a'i ail wraig o, Susan. Fy nhad a fy mam i fod, yn torri'r gacen, ac yn chwifio llaw wrth fynd i mewn i gar. Roedden nhw i gyd wedi bod yn rhan o fy mywyd i a fy nychymyg i. Ond rŵan . . .

'Llinos. Wyt ti'n iawn?' Teimlais i law Steff yn gafael yn fy mraich.

'Mae rhaid i mi fynd yn ôl at y gwaith rŵan,' meddai Elena. 'Ond cyn i chi fynd, hoffwn i ddangos un neu ddau o bethau eraill i chi.'

Tynnodd hi ddwy freichled fach blastig efo ysgrifen arnyn nhw o amlen frown. Darllenais i'r geiriau *Baby girl twin 1 of Sophia Moscatelli, 3/4/1982.* Ar yr ail freichled roedd *Baby girl twin 2 of Sophia Moscatelli, 3/4/1982.*

'Galwodd Mam y babi cyntaf yn Elena,' meddai Elena, 'ar ôl ei nain, oedd yn ddynes garedig iawn. Buodd hi farw ychydig cyn i Mam fynd i'r coleg. Galwodd hi'r ail fabi yn Sophia, ar ei hôl hi ei hun.'

'Sophia ydy fy enw iawn i felly,' meddwn i'n araf.

'Dyna'r enw roiodd mam arnat ti,' meddai Elena. 'Dyna'r unig wybodaeth oedd gen i amdanat ti. Wedi i Mam farw, roedd meddwl y baswn i rywbryd yn medru chwilio amdanat ti yn fy nghadw i i fynd.'

Yna, estynnodd Elena lun arall o'r bocs, a'i roi o i mi. Llun o fy nhad oedd o, ac ar gefn y llun roedd o

---

chwifio llaw   to wave   *breichled (eb)*   bracelet
dychymyg (eg)   imagination

wedi ysgrifennu, 'I Sophia, gyda chariad, oddi wrth Dafydd.'

Cododd Elena, a dechrau rhoi popeth yn ôl. Yna, rhoiodd hi ddarn o bapur i mi. 'Dyma gyfeiriad Ewyrth Luigi a Modryb Sarah,' meddai hi. 'Dw i'n byw efo nhw ers i Mam farw. Maen nhw'n gwybod fy mod i wedi dy gyfarfod di. Basen nhw wrth eu bodd taset ti'n mynd i'w gweld nhw. Wyt ti'n medru aros un noson arall? Mae cymaint o bethau y baswn i'n hoffi eu gofyn i ti.'

Dywedais i fod rhaid i mi fynd yn ôl i'r gogledd heddiw, ond addewais i y baswn i'n cysylltu efo hi eto yn fuan. Wrth adael y siop, rhoiais i'r darn o bapur yn ofalus yn fy mag.

PENNOD 14

Roedd fy mol i'n troi wrth i mi eistedd yn y bws. Byddwn i adref ymhen ychydig o oriau ac roeddwn i heb benderfynu beth roeddwn i'n mynd i'w ddweud wrth fy rhieni.

Ceisiais i feddwl sut roeddwn i'n teimlo tuag at Elena. Roedd gen i drueni drosti hi, ond roeddwn i'n ei hedmygu hefyd. Yn enwedig ar ôl y sgwrs ges i efo Luigi Moscatelli yn y caffi. Doeddwn i ddim wedi bwriadu mynd i'w weld o. Roedd Steff a fi wedi bwriadu ymlacio ychydig cyn i mi ddal y bws, ond newidiais i fy meddwl yn sydyn. Dw i ddim yn gwybod a oeddwn i'n gobeithio y basai fo'n dweud bod Elena wedi gwneud camgymeriad. Ond roedd rhaid i mi fynd i'w weld o.

Roedd hi'n eithaf tawel yng nghaffi Luigi. Cyfarchodd geneth fi'n siriol wrth i ni fynd i mewn, ond edrychodd hi'n syn ar Steff, cyn troi i lanhau un o'r byrddau. Roedd hi'n amlwg ei bod hi'n meddwl mai Elena oeddwn i.

Daeth dyn canol oed drwy ddrws yn ochr y bar. Cododd o ei ben a dechrau siarad â fi yn Eidaleg. Yna, stopiodd o yn sydyn. Cyflwynais i fy hun a Steff iddo fo, gan ddweud bod Elena wedi gofyn i ni alw. Gafaelodd o yn fy llaw gan ddweud yn Saesneg, 'Dw i mor falch o dy weld di.'

Dyn mawr tal oedd Luigi Moscatelli. Roedd ganddo fo wallt du oedd yn dechrau britho a llygaid tywyll.

---

edmygu	to admire	*cyflwyno*	to introduce
yn siriol	cheerfully	*britho*	to go grey

Aeth Luigi â ni i ystafell fach y staff cyn dod â *lasagne*, salad a choffi i bawb o'r gegin.

'Roeddwn i'n gwybod bod gan Ewyrth Ricardo a Modryb Maria ferch yn y coleg yng Nghaerdydd,' meddai Luigi. 'Doedd fy rhieni ddim yn hoffi Maria. Dynes galed, falch oedd hi. Cyn i ni symud i Gaerdydd, roedd Sarah a fi'n meddwl cysylltu efo Sophia ar ôl clywed ei bod hi yn y coleg yno. Ond wnaethon ni ddim. Doeddwn i ddim yn adnabod Sophia yn dda iawn. Doedd Maria ddim yn meddwl bod ein teulu ni'n ddigon da i gymysgu â'i theulu hi. Pan brynon ni'r caffi penderfynon ni gysylltu efo Sophia.

'Pan es i i'w gweld hi'r tro cyntaf roeddwn i'n flin drosti hi. Roedd hi'n byw mewn fflat bach di-drefn yno. Roedd ganddi hi hogan ddwy flwydd oed. Dwedodd hi sut roedd pethau rhyngddi hi a'i rhieni a gofynnais i a faswn i'n cael dod i'w gweld hi eto efo Sarah. Cytunodd hi.

'Cawson ni ragor o hanes Sophia pan aethon ni i'w gweld hi'r ail dro. Roedd hi'n amlwg ei bod hi wedi cael amser ofnadwy a'i bod hi'n dioddef o iselder. Roedden ni'n mynd i'w gweld hi'n rheolaidd. Rhoiais i waith iddi hi yn y caffi, a threfnu i Elena gael ei gwarchod, a dechreuodd pethau wella iddi hi. Roedd Anna, ein merch ni, tua deg oed ar y pryd, ac roedd hi wrth ei bodd yn helpu Sophia i edrych ar ôl Elena a mynd â hi am dro.'

'Dwedodd Elena eich bod chi wedi bod yn garedig iawn efo'i mam . . . efo'n mam ni,' mwmiais i.

'Welodd Sophia mo'i rhieni ar ôl dychwelyd i Gaerdydd, felly?' gofynnodd Steff.

---

yn rheolaidd   regularly

Crychodd Luigi ei dalcen. 'Daeth Roberto, ei brawd, i'w gweld hi unwaith neu ddwy pan oedd Elena tua thair oed. Mae'n debyg bod Maria a Ricardo wedi ceisio cymodi efo hi ychydig cyn i ni symud yma, ond erbyn hynny doedd Sophia ddim isio dim byd i'w wneud efo nhw. Roedd Roberto'n ysgrifennu weithiau, ond ar wahân i hynny chafodd hi ddim cysylltiad efo'i theulu agosaf am flynyddoedd . . . nes iddi hi fynd yn sâl.

'Salwch byr gafodd dy fam,' ychwanegodd o'n drist. Wrth iddo fo ddweud hynny aeth rhywbeth drwy fy nghalon. Roeddwn i wedi gwrando ar Elena yn sôn am Sophia, ond doeddwn i ddim wedi meddwl am Sophia fel perthynas i mi. Mam Elena oedd hi. Rŵan, wrth i Luigi ddweud yr hanes wrtha i, roeddwn i'n sylweddoli ei fod o'n siarad am fy mam *i*.

Roedd 'mam' berffaith fy nychymyg wedi troi'n siom gwag. Roedd teimladau cymysglyd yn troi yno i am fam na welais i erioed, a faswn i byth yn ei gweld, chwaith. Fy mam iawn.

'Doedd Sophia ddim am i mi adael i'w rhieni wybod am ei salwch,' meddai fo wedyn, 'ond ysgrifennais i at Roberto i esbonio'r sefyllfa. Roedd o isio dod i'w gweld hi, a dod â'i rieni efo fo, ond doedd Elena ddim am iddyn nhw ddod. Yn y diwedd, daeth Roberto ar ei ben ei hun. Roedd popeth mor drist. Anghofia i byth. Ymhen ychydig o ddiwrnodau roedd Sophia wedi marw.'

Daeth lwmp i fy ngwddw a rhoiais i fy nghyllell a fforc i lawr.

---

crychu talcen	to frown	*siom (eg)*	disappointment
cymodi	to reconcile	*cymysglyd*	mixed
ar wahân i	apart from		

'Dach chi'n siŵr o fod yn ei cholli hi,' meddwn i'n dawel.

'Ydw,' atebodd o'n ddistaw. 'Ond Elena gafodd y boen fwyaf. Ond mae hi i'w gweld yn hapusach nawr ei bod hi'n gweithio yn Cellar Seven.'

'Mae ei gwaith hi'n werth ei weld,' meddai Steff. 'Mae Llinos hefyd wrth ei bodd yn peintio.'

'Mae'n rhaid bod y ddwy ohonoch chi'n tynnu ar ôl nain Sophia a fi,' meddai Luigi. 'Elena oedd ei henw hi hefyd. Roedd hi'n paentio lluniau hyfryd iawn.'

Ceisiais i wenu. Mae'n rhaid bod Luigi wedi deall sut roeddwn i'n teimlo. Roedd ei lygaid yn llawn cydymdeimlad.

'Mae'n siŵr bod y cyfan yn sioc i ti,' meddai fo. 'Dwedodd Elena nad oeddet ti'n gwybod tan rŵan fod gen ti chwaer.'

Roedd Elena wedi cael dwy flynedd i arfer efo'r syniad fod ganddi hi chwaer. Dim ond diwrnod roeddwn i wedi'i gael. Roedd Luigi'n iawn. Roedd y cyfan yn sioc i mi.

Dwedodd Luigi fod Elena wedi gwrthod i'w nain a'i thaid ddod i angladd ei mam. Roedd hi wedi cytuno i Roberto ddod, ond doedd o ddim wedi medru dod yn y diwedd. Roedd ei wraig yn feichiog ar y pryd a buodd rhaid iddo fo aros efo hi.

Ysgrifennodd Luigi enw'r fynwent lle roedd bedd Sophia ar ddarn o bapur a'i roi o i mi.

'Efallai y byddi di isio mynd i weld y bedd, rywbryd,' meddai fo.

Wrth i ni fynd, addewais i ddod i Gaerdydd eto.

---

mynwent (eb)   cemetery   *bedd (eg)*   grave

Wrth ffarwelio â mi, addawodd Steff fy ffonio nos Fawrth.

'Paid â bod yn rhy galed efo dy rieni,' oedd ei gyngor. 'Beth bynnag oedd eu rhesymau am beidio â dweud wrthot ti am Elena a dy fam iawn, cofia eu bod nhw'n meddwl y byd ohonot ti. Dw i hefyd.'

'Diolch i ti am ddod efo mi,' meddwn i, â dagrau yn fy llygaid.

'Dw i'n difaru dy berswadio di i ddod. Mae heddiw yn mynd i newid dy fywyd yn llwyr. Dw i wastad yn rhoi fy nhroed ynddi hi.'

'Fi ddewisodd ddod . . .' atebais i, ond cusanodd o fi cyn i mi gael cyfle i ddweud rhagor.

'Ffonia i di!' gwaeddodd o wrth i mi redeg am y bws.

Pennod 15

Wrth fynd drwy Ddolgellau roeddwn i'n meddwl mor wahanol roeddwn i'n teimlo ar y daith i lawr yn y car efo Steff. Doeddwn i ddim wedi dychmygu y baswn i'n dod yn ôl yn teimlo fel taswn i'n rhywun arall.

Fedrwn i ddim peidio â meddwl am fy mam iawn. Roedd gen i drueni drosti hi a drosof fy hun hefyd. Fi, wedi'r cyfan, oedd wedi cael fy magu gan rywun arall. Nid Elena. Roedd hi'n amlwg bod cysylltiad rhwng fy mam iawn a Mam a Dad. Ond pam na fasen nhw wedi dweud popeth wrtha i? Pam, hefyd, fasai fy mam ddim wedi ceisio cysylltu efo mi ar ôl i bethau wella iddi hi?

Beth fasai pawb yn ei ddweud ar ôl clywed y stori? Cofiais i glywed un o ffrindiau Mam yn dweud bod Ceri Parri wedi cael ei mabwysiadu. Dywedodd Mam wrtha i am beidio â dweud wrth neb, rhag ofn nad oedd Ceri'n gwybod. Roedd gen i drueni dros Ceri, nid achos ei bod hi wedi cael ei mabwysiadu, ond achos nad oedd hi, efallai, yn gwybod hynny. Beth os oedd pobl yn gwybod pethau amdana i nad oeddwn i fy hun yn gwybod? Faswn i ddim yn medru dioddef hynny.

Roeddwn i'n teimlo'n euog erbyn i'r bws gyrraedd Caernarfon am ddarganfod cyfrinach roedden nhw wedi'i chadw oddi wrtha i.

Roedd Dad yn aros amdana i. Cofiais i eiriau Steff wrth ateb cwestiynau Dad, ac ar ein taith adref ceisiais i esgus bod popeth yn iawn.

---

mabwysiadu	to adopt	*euog*	guilty
dioddef	to suffer	*cyfrinach* (*eb*)	secret

Roedd hi'n anodd edrych ar Mam ar ôl i mi gyrraedd y tŷ. Cyn iddi hi ddechrau holi, dywedais i wrthi hi am y coleg a'r cwrs a'r neuadd. Roeddwn i'n meddwl y basai hynny'n haws na gorfod ateb cwestiynau. Roeddwn i'n teimlo ei bod hi'n rhy hwyr yn y nos i ddechrau siarad am Elena. Roeddwn i wedi blino gormod ac yn ofni dweud pethau y baswn i'n eu difaru wedyn.

'Dw i wedi blino,' meddwn i. 'Dw i am fynd i'r gwely yn syth. Nos da!'

'Nos da,' meddai Mam. 'Byddwn ni'n dod i fyny rŵan. Dw i'n gorfod bod yn y caffi erbyn hanner awr wedi wyth fory, ac mae Dad isio bod yn y siop ddodrefn yn eitha cynnar hefyd.'

Wrth fynd drwy'r ystafell fyw, syllais i am eiliad ar y llun priodas ar y dreser. Roeddwn i'n teimlo fel taswn i wedi cael fy mradychu. Rhedais i i fyny'r grisiau. Roedd hi fel tasai'r ddau yn y llun yn chwerthin am fy mhen.

Roeddwn i'n falch o fod ar fy mhen fy hun. Roeddwn i angen amser i feddwl am beth roeddwn i'n mynd i'w ddweud wrth Mared a Siân yn yr ysgol. Ond basai'n well i mi siarad efo Mam a Dad gyntaf cyn gweld y genod. Fyddai dim amser gwneud bore fory. Y peth gorau oedd peidio â mynd i'r ysgol, a siarad efo Mam a Dad yn y nos.

Es i i'r gwely heb ymolchi. Roeddwn i'n ddiolchgar o gael gorwedd am ychydig, a syllu ar y nenfwd am ychydig o eiliadau cyn diffodd y golau.

---

bradychu	to betray	*diffodd*	to turn off
nenfwd (eg)	ceiling		

Ymhen dipyn, clywais i Mam a Dad yn dod i fyny'r grisiau. Troiais i i wynebu'r wal. Clywais i Mam yn agor y drws ac yn sibrwd 'nos da'. Roeddwn i eisiau ei hateb, a diolch iddi hi am glirio fy llofft, ond fedrwn i ddim. Caeais i fy llygaid a chrio.

'Hwyl! Cofia gloi'r drws!' gwaeddodd Mam wrth adael. Roedd hi'n hwyr, felly chafodd hi ddim amser i sylwi ar fy llygaid. Roeddwn i wedi aros yn fy llofft tra oedd hi'n cael ei brecwast. Doeddwn i ddim eisiau iddi hi amau yr adeg honno fod rhywbeth yn bod. Roedd Dad wedi mynd o'r tŷ eisoes.

Ffoniais i Mared.

'Croeso yn ôl! Sut aeth pethau . . .?' gofynnodd Mared.

'Gwranda,' meddwn i, cyn iddi hi gael gorffen. 'Dw i ddim yn dod i'r ysgol heddiw. Fedri di ddeud fy mod i'n sâl? Cei di'r hanes eto. Mae Mam a Dad yn meddwl fy mod i'n mynd i'r ysgol . . . rhag ofn i ti weld Mam yn rhywle a rhoi dy droed ynddi hi.'

'O, iawn . . .'

'Gyda llaw, soniaist ti wrth rywun fy mod i'n mynd i Gaerdydd?' holais i.

'Naddo,' sibrydodd hi. 'Cytunon ni i beidio. Wyt ti'n cofio?'

'Ydw. Ofynnodd rhywun rywbeth yn yr ysgol?'

'Dim ond amser cofrestru. Dwedodd Siân ei bod hi'n meddwl dy fod ti'n sâl. Gofynnodd un neu ddau o'r criw ble roeddet ti. Hei, mae'n well i mi fynd, neu bydda i'n hwyr. Tyrd draw heno . . . os byddi di'n well!'

Es i i fy llofft. Estynnais i'r ddau ddarn o bapur oedd gen i yn fy mag. Syllais i arnyn nhw am dipyn. Cyfeiriad fy chwaer, a modryb ac ewyrth i mi ar un. Enw'r fynwent lle roedd fy mam wedi ei chladdu ar y

claddu   to bury

llall. Rhoiais i'r darnau o bapur mewn cwpwrdd wrth ochr fy ngwely.

Eisteddais i ar ochr y gwely, a meddwl sut basai fy mywyd yn newid. Roedd gen i chwaer rŵan, rhywun oedd yn perthyn i mi, ac eto ddim yn perthyn. Doeddwn i ddim yn ei hadnabod, ond gallwn i ddod i'w hadnabod. Ond a fydden ni byth yn medru bod fel dwy chwaer iawn? Ceisiais i ddychmygu fy hun yn cerdded yn y dref efo Elena, ac yn ei chyflwyno i fy ffrindiau. Roedd hi'n anodd gwneud hynny. Eto, roeddwn i'n hoffi'r syniad fod gen i berthynas agos, ifanc. Unig blentyn oedd fy nhad, a doedd dim llawer o berthnasau gen i.

Roedd hi'n anhygoel meddwl bod gen i nain a thaid yn yr Eidal. Roedd yn gas gen i eu bod nhw wedi trin fy mam i fel y gwnaethon nhw. Basai'n well gen i fod yn perthyn i'r dyn yn y gadair olwyn yn y llun priodas yn yr albwm. Roedd William Stanton, y dyn roeddwn i wedi arfer meddwl amdano fel fy nhaid, wedi marw pan oeddwn i'n dair oed. Hoffwn i fod wedi cael y cyfle i'w adnabod.

Dw i'n cofio holi Mam a oedd hi wedi mynd â fi i'w weld o erioed. Atebodd hi ei fod o'n sâl iawn pan oeddwn i'n fach, ac na fasai fo wedi fy adnabod. Holais i am Nain Stanton hefyd. Roedd mam wedi dweud ei bod hi wedi marw pan oedd Linda Stanton, fy 'mam' yn ifanc iawn. Roeddwn i wedi derbyn na fasai ail wraig William yn cymryd diddordeb yno' i. Roedd hi'n teithio llawer gyda'i gwaith fel model. Roedd popeth roedd Mam a Dad wedi'i ddweud wrtha i wedi swnio mor wir.

Neidiais i oddi ar y gwely a mynd i lofft Mam a Dad. Es i at y biwro lle roedden nhw'n cadw eu papurau pwysig. Roedd y droriau wedi eu cloi. Edrychais i ar y silffoedd yn rhan uchaf y biwro, ond dim ond hen filiau oedd yno. Yna, cyffyrddais i â'r ddau ddarn o bren addurnedig oedd ar bob ochr i'r biwro uwchben y droriau. Symudodd yr un ar yr ochr dde ychydig. Tynnais i'r pren yn araf. Drôr gudd oedd o, ac ynddo roedd agoriad bach.

Roeddwn i'n teimlo fel lleidr wrth i mi ddatgloi'r drôr gwaelod. Roedd hen gardiau post a llythyrau, toriadau o bapurau newydd am briodasau ac angladdau, hen gardiau pen-blwydd a hen adroddiadau ysgol fy nhad. Roedd llawer o bapurau yn ymwneud â'r tŷ yno hefyd. Doedd dim un dystysgrif geni. Ar ôl gosod popeth yn ôl yn ofalus caeais i'r drôr, a'i gloi.

Agorais i'r drôr arall. Sylwais i ar waled ymhlith y papurau. Roedd tystysgrifau ynddi hi. Eisteddais i ar y carped a gwagio cynnwys y waled ar y llawr. Yn sydyn, gwelais i'r gair 'Moscatelli'. Fy nhystysgrif geni i oedd hi. Darllenais i hi'n ofalus. Roedd hi'n cadarnhau beth roedd Elena wedi'i ddweud. Sophia Moscatelli oedd fy enw iawn i. Enw fy mam hefyd oedd Sophia Moscatelli. Roeddwn i wedi cael fy ngeni ar y trydydd o Ebrill, ond nid yn 1983 fel roeddwn i'n arfer meddwl, ond yn 1982 fel roedd o'n dweud ar y freichled ddangosodd Elena i mi.

Chwiliais i drwy'r papurau eto nes dod o hyd i dystysgrif priodas fy nhad a Linda Stanton. Roedd hi'n dweud mai ym Mehefin 1982 roedden nhw wedi priodi, ac nid yn 1983 fel roedd Mam a Dad wedi dweud wrtha i.

cyffwrdd â	to touch	*adroddiad (eg)*	report
addurnedig	decorated	*gwagio*	to empty
cudd	secret		

Codais i a mynd i eistedd ar wely Mam a Dad. Roeddwn i'n gwybod bellach bod y cyfan yn wir. Daeth teimlad o dristwch drosta i. Roeddwn i wedi colli'r cyfle i adnabod fy mam. Roeddwn i wedi tyfu i fyny heb fy chwaer. Roeddwn i'n ddig hefyd nad oedd Mam a Dad erioed wedi rhoi cyfle i mi benderfynu a oeddwn i eisiau cysylltu â fy chwaer. Pam?

Yn sydyn, clywais i'r drws ffrynt yn agor ac yn cau. Yr eiliad nesaf roedd Mam yn dod i fyny'r grisiau gan alw fy enw.

PENNOD 17

'Llinos! Wyt ti'n iawn?' clywais i Mam yn gweiddi. 'Daeth Rhian Alaw i'r siop amser cinio a gofyn os oeddet ti'n well . . . Llinos? Wyt ti yma?'

Roedd Mam wedi mynd i fy llofft i.

'Yn fan'ma ydw i,' meddwn i heb godi.

'Be wyt ti'n wneud yn fan'ma?' meddai Mam, gan frysio i mewn. 'Be sy'n bod?' Gwelodd hi'r papurau ar y llawr. 'Llinos! Be wyt ti'n wneud? Pam mae'r . . .?'

'Llinos, wir!' atebais i'n oeraidd. 'Mae gen i bapur yn fan'ma sy'n profi mai Sophia Moscatelli ydy f'enw i. Be sy gynnoch chi i'w ddeud am hyn'na?'

'O, Llinos,' meddai hi. Roedd golwg wedi dychryn ar ei hwyneb a gafaelodd hi yn y drws i'w sadio'i hun. 'Roedden ni'n mynd i ddeud wrthot ti,' meddai hi'n ddistaw. 'Roeddet ti ar fai yn mynd drwy'n pethau ni fel'na . . .'

'Fi ar fai?' atebais i'n galed. 'Dach chi wedi fy nhwyllo i, wedi deud celwydd wrtha i. Sut fedrwch chi ddeud fy mod i ar fai?'

'Esbonia i'r cwbl i ti,' meddai hi. 'Plîs, Llinos, paid ag edrych arna i fel'na. Tyrd i lawr i'r gegin. Gwna i baned i'r ddwy ohonon ni. Pam wnest ti sbio yn y drôr? Pwy sy wedi bod yn siarad efo ti?'

Dechreuodd Mam roi'r papurau yn ôl yn y drôr. Gwthiais i dystysgrif priodas fy nhad i'w chyfeiriad, ond daliais fy ngafael yn fy nhystysgrif geni i.

---

yn oeraidd   icily

'Cadwa i hon,' meddwn i. 'Wedi'r cyfan, fy nhystysgrif geni i ydy hi, a gan fy mod i'n ddeunaw oed, mae gen i hawl i'w chadw hi.'

'Plîs tyrd i lawr, i mi gael esbonio,' meddai hi eto. 'Dw i'n haeddu'r cyfle i wneud hynny.'

Roedd sŵn dagrau yn ei llais. Yn araf, dilynais i hi i lawr y grisiau. Roedd fy nghoesau i'n wan. Eisteddais i yn y gadair freichiau yn yr ystafell fyw, gan wrando arni hi'n gwneud y te.

'Wyt ti wedi cael cinio?' gofynnodd Mam wrth ddod i'r drws.

'Cinio?' meddwn i'n ddiamynedd. Dywedais i nad oeddwn i eisiau dim byd. Roeddwn i wedi synnu ei bod hi'n amser cinio. Rhaid fy mod i wedi bod yn eistedd ac yn meddwl am amser hir.

'Dw i ddim yn teimlo fel bwyta chwaith,' meddai Mam yn ddistaw.

Tra oedd y tegell yn berwi, aeth hi at y ffôn. Clywais i hi'n egluro wrth rywun o'r Pantri Bach fy mod i'n sâl a'i bod hi'n aros gartref i edrych ar fy ôl.

Daeth hiraeth drosta i wrth i mi gofio am y gofal tyner roeddwn i wedi'i gael ganddi hi ar hyd y blynyddoedd. Unwaith eto, atseiniodd geiriau Steff drwy fy meddwl . . . 'Cofia eu bod nhw'n meddwl y byd ohonot ti.'

Clywais i hi'n deialu eto. Ar ôl tipyn roedd hi'n siarad yn ddistaw efo Dad. Doeddwn i ddim yn gallu clywed popeth, ond roeddwn i'n gallu clywed digon i ddeall ei bod hi eisiau iddo fo ddod adref, ond doedd o ddim yn medru dod.

---

haeddu   to deserve   *atseinio*   to echo

Pan ddaeth hi yn ôl, roedd ganddi hi ddwy baned o de.

'Diolch,' sibrydais i. Yna, yn araf, dywedais i'r holl hanes wrthi hi. Gwrandawodd hi arna i heb ddweud gair. Ar ôl i mi orffen siarad, edrychais i arni hi. Roedd hi'n hanner gorwedd yn ei chadair freichiau ac roedd hi'n edrych yn hen. Roedd ei sioncrwydd arferol wedi ei gadael. Roedd distawrwydd rhyngddon ni am dipyn, ond yn sydyn eisteddodd hi i fyny.

'Soniodd Dafydd ei fod o wedi bod yn mynd efo Eidales,' meddai hi. 'Dw i'n ei gofio fo'n sgwennu ati hi yn ystod gwyliau'r Pasg, ac ysgrifennodd hi ato fo o Milan. Ond doedden ni ddim yn meddwl ei bod hi'n fwy arbennig iddo fo nag unrhyw un o'r genod eraill roedd o wedi bod efo nhw.

'Gwnaeth dy dad yn ardderchog yn ei arholiadau, fel dw i wedi deud wrthot ti o'r blaen. Cafodd o radd dosbarth cyntaf, ac yn syth ar ôl graddio cafodd o swydd dda efo Stanton and Shellbourne, y cyfrifwyr enwog, yn Lerpwl.'

'Dechreuodd o fynd allan efo Linda Stanton ar ôl dechrau gweithio yn Lerpwl. Roedd o'n sôn amdani hi'n aml a daeth hi i lawr i Fryste efo fo i aros yn ystod ei wyliau Nadolig. Roedd hi'n amlwg fod y ddau mewn cariad.'

Caeodd mam ei llygaid am eiliad, fel tasai hi'n ceisio ail-fyw y Nadolig hwnnw.

'Roedd Dad a fi'n hoffi Linda,' meddai hi. 'Roedd hi'n hogan ddel. Roedd hi hefyd yn gyfoethog, a'i thad yn un o gyfarwyddwyr y cwmni. Ond roedd ganddi hi

---

sioncrwydd (*eg*)	liveliness	*cyfarwyddwyr* (*ll*)	directors
cyfrifwyr (*ll*)	accountants		

ei phroblemau. Un ohonyn nhw oedd bod ei thad hi'n marw. Hefyd, doedd hi ddim yn dod ymlaen yn dda iawn efo'i llysfam, Susan. Roedd hi wedi colli ei mam pan oedd hi'n wyth oed, ac ailbriododd ei thad pan oedd hi'n bymtheg. Roedd Linda'n meddwl mai ar ôl arian ei thad hi roedd Susan. Dw i'n ei chofio hi'n deud bod Susan yn mynd i ffwrdd am gyfnodau hir efo'i gwaith fel model. Roedd Linda'n meddwl bod rhywbeth heblaw gwaith yn cadw Susan o'r cartre. Beth bynnag, roedd hi'n deud bod ei thad hi wedi bywiogi ers i Dafydd ymuno â'r cwmni a bod ganddo fo feddwl mawr ohono fo.'

'A be am Sophia Moscateili, fy mam i?' meddwn i gan dorri ar ei thraws. Anghofiodd o amdani hi, felly?'

'Cytunon nhw i orffen pethau cyn iddo fo symud o Gaerdydd ddiwedd Awst. Welodd o mohoni hi ar ôl hynny. Rwyt ti'n gwybod yr hanes nesa. Roedd dy dad a Linda wedi dyweddïo yn y flwyddyn newydd ac yn bwriadu priodi ar ei phen-blwydd hi ar y degfed o Fehefin.'

Ochneidiodd Mam cyn mynd ymlaen. 'Roedd o i fod yn un o ddiwrnodau hapusaf fy mywyd i . . . fy mab i'n priodi hogan ddel, a swydd dda ganddo fo yn Stanton and Shellbourne. Ond fedrwn i ddim bod yn hapus.'

Edrychais i ar Mam. Roedd poen yn ei llygaid llwyd.

'Roedd gen i gyfrinach. Roeddwn i wedi gwneud rhywbeth na ddylwn i ddim fod wedi ei wneud.'

---

llysfam (*eb*)   stepmother   *ochneidio*   to sigh
torri ar draws   to interrupt

PENNOD 18

Syllais i ar Mam oedd yn edrych ar y wal o'i blaen, ar goll yn y gorffennol.

'Rwyt ti'n gweld, un p'nawn Sadwrn ym mis Mai daeth Sophia Moscatelli i fy ngweld i. Roedd ganddi hi ddau fabi ychydig o wythnosau oed efo hi . . . dwy hogan fach . . . mewn coets ysgafn. Roedd hi'n edrych fel tasai hi heb gysgu ers diwrnodau.

'Ces i sioc pan ddwedodd hi mai Dafydd oedd tad ei phlant hi. Dwedodd hi wrtha i fod ei rhieni wedi digio efo hi a'i bod hi isio mynd ymlaen efo'i chwrs coleg. Roedd hi isio i mi edrych ar ôl y babanod am gyfnod achos ei bod hi'n methu fforddio talu rhywun i'w gwarchod. Roedd hi hefyd isio i mi ddweud wrth Dafydd ei fod o'n dad.

'Doeddwn i ddim yn gwybod be i'w wneud. Dwedais i wrthi hi fod Dafydd yn priodi ymhen tair wythnos.

'Roeddwn i isio'i helpu hi. Roeddwn i'n teimlo ei bod hi'n ddyletswydd arna i, ond roeddwn i yng nghanol trefnu'r briodas. Fi oedd yn trefnu popeth gan fod tad Linda mor sâl.

'Beth bynnag, gwnes i fwyd i Sophia, a'i helpu gyda'r ddwy fach. Roedden nhw'n wlyb ac yn crio. O'r diwedd, llwyddon ni i'w cael i gysgu. Tra oeddwn i'n clirio'r llestri syrthiodd Sophia i gysgu yn y gadair. Roedd hi wedi ymlâdd.

'Roedd hi'n amlwg fod Sophia angen help. Ond fedrwn i ddim dweud wrth Dafydd, ychydig cyn ei

---

dyletswydd (*eb*) duty *wedi ymlâdd* exhausted

briodas, ei fod o'n dad. Basai'n rhaid iddo fo ddweud wrth Linda ac roeddwn i'n ofni y basai hynny'n difetha eu perthynas nhw. Ffoniais i fy ffrind, Helen, oedd yn byw yn y stryd nesa. Medrwn i ymddiried ynddi hi i helpu ac i gadw popeth yn ddistaw. Roedd rhaid i mi gael help i benderfynu be i'w wneud. Roeddwn i'n gwybod, taswn i'n dweud y cyfan wrth Dad, y basai fo'n ffonio Dafydd yn syth.

'Cytunodd Helen i gymryd un o'r efeilliaid dros gyfnod y briodas. Roedd hi'n mynd i ddweud wrth bawb ei bod hi'n edrych ar ôl babi ffrind am dipyn. Yna, ar ôl y briodas, roeddwn i'n mynd i ddeud wrth Dafydd a gadael iddo fo benderfynu be oedd o am wneud wedyn. Roeddwn i am roi arian i Sophia i'w helpu i gael rhywun i edrych ar ôl yr efaill arall.

'Ar ôl gadael i Sophia gysgu am ryw awr, deffrais hi, a dweud wrthi hi be oedd ein cynllun ni. Roedd hi'n swnio dipyn yn ansicr ar y dechrau, ac yna cytunodd hi y basai'n haws iddi hi edrych ar ôl un babi na dau. Dim ond trefniant dros dro oedd o i fod.

'Bu'n rhaid i mi wneud pob math o drefniadau sydyn y p'nawn hwnnw. Aeth Sophia efo Helen i siopau aill-law i chwilio am bethau babi, tra oeddwn i'n edrych ar ôl y ddwy fach. Roeddwn i'n teimlo mor falch, ond eto roeddwn i'n siŵr ar y pryd mai'r peth gorau i'w wneud oedd cadw'r cyfan yn dawel nes bod y briodas drosodd. Roeddwn i'n dychmygu be fasai ymateb William Stanton. Roedd arna i ofn.

'Roedd Sophia wedi deud wrtha i mai dim ond un neu ddwy o'i ffrindiau agos oedd yn gwybod mai Dafydd oedd tad y plant. Pan ddaeth hi yn ôl efo Helen,

---

difetha   to destroy   *ymddiried*   to trust

gofynnais i iddi hi i beidio â deud wrth neb arall. "Dw i'n meddwl y basai Dafydd isio gwybod," meddai hi, "ond dw i'n fodlon derbyn eich penderfyniad chi."

'Erbyn i ni fynd â phopeth i dŷ Helen, roedd hi bron yn amser i Dad ddod adre. Arhosais i efo . . . efo ti . . . tra oedd Helen yn mynd â Sophia ac Elena at y trên yn ôl i Gaerdydd. Roedd Sophia yn crio, ac yn sibrwd pethau mewn Eidaleg wrthot ti, fel tasai hi ddim yn disgwyl dy weld ti byth wedyn.'

Dechreuodd mam grio. Yna'n sydyn, gwaeddodd hi, 'Welodd hi mohonot ti byth wedyn, chwaith! A fy mai i oedd hynny i gyd! Fy mai i!'

'Peidiwch â chrio,' meddwn i. 'Plîs, peidiwch â chrio! Nid eich bai chi oedd o.'

'Ie, fy mai i oedd o, Llinos,' meddai hi, 'ac mae'n rhaid i mi fyw efo fo am byth.'

Yna, ochneidiodd hi'n uchel, gan ddweud, 'Roedd y pythefnos cyn y briodas yn straen arna i. Roeddwn i isio rhannu'r gyfrinach efo dy dad, ond roeddwn i'n gwybod y basai'n well i mi beidio. Roedd hi'n briodas hyfryd, ac roedd y tywydd yn fendigedig. Roedd popeth wedi mynd yn ardderchog. Ond tu ôl i fy meddwl i drwy'r dydd roedd wyneb Sophia, a'i geiriau, "Dw i'n meddwl y basai Dafydd isio gwybod."

'Aeth dy dad a Linda ar eu mis mêl i Efrog Newydd, a dod yn ôl i fyw mewn tŷ mawr y tu allan i Lerpwl roedd William Stanton wedi ei brynu iddyn nhw.' Aeth Mam yn dawel.

'Does dim rhaid i chi ddeud popeth,' meddwn i.

'Mae'n well i mi,' sibrydodd hi, 'i ti gael clywed y gwir i gyd. Rwyt ti'n gweld, chafodd dy dad a Linda ddim hyd yn oed blwyddyn efo'i gilydd.

'Y dydd Gwener wedi iddyn nhw ddod yn ôl aethon nhw i weld chwaer William Stanton, yng Nghaeredin. Ar y ffordd yn ôl, tua chwe milltir ar ôl gadael Caeredin, buodd eu car nhw mewn gwrthdrawiad efo lorri. Cafodd Dafydd ei ladd yn syth, a bu Linda farw ymhen ychydig o oriau wedyn yn yr ysbyty yng Nghaeredin. Roedd y cyfan fel hunllef ofnadwy. Yn ystod yr wythnosau yn dilyn y ddamwain, roedd edrych ar dy ôl di fel achubiaeth i mi. Roeddet ti fel darn bach o fy mab i.

'Roeddwn i wedi deud y cyfan wrth Dad am Sophia yn syth ar ôl y briodas, ac roedden ni wedi penderfynu deud wrth Dafydd ar ôl iddo fo a Linda ddod yn ôl o Gaeredin.'

Rhoiodd Mam ei llaw ar ei phen fel tasai hi mewn poen. Yna, daeth hi ati ei hun eto, a mynd ymlaen â'i stori.

'Roedd Dad a fi'n mynd i dŷ Helen yn aml ac yn dy warchod di yn ein tŷ ni. Ti oedd unig bwrpas ein bywydau ni. Ond roedd rhaid i ni ddod i benderfyniad. Roedd Helen wedi edrych ar dy ôl di am gyfnod hirach nag oedden ni wedi bwriadu, rhwng y briodas a'r angladd, a'r diwrnodau pan oeddwn i'n rhy ddigalon i wneud dim yn iawn.

'Tua mis ar ôl y ddamwain, aeth Dad a mi i Gaerdydd i weld Sophia, tra oedd Helen yn dy warchod di. Roedd hi'n edrych ychydig yn well ac wedi cael gwaith rhan amser mewn tafarn. Roedd hi wedi siarad â'r coleg am ail-wneud ei hail flwyddyn. Roedd hi'n holi llawer amdanat ti . . . oeddet ti'n bwydo'n iawn,

---

Caeredin	Edinburgh	*hunllef* (*eb*)	nightmare
gwrthdrawiad (*eg*)	collision	*achubiaeth* (*eb*)	salvation

oeddet ti'n cysgu, oeddet ti'n gwenu, faint oeddet ti'n ei bwyso. Doedd dim diwedd ar ei holi. Roedd hi'n siomedig nad oedden ni wedi dod â ti efo ni i'w gweld hi.

'Dim ond pan ofynnodd hi ar ôl ychydig a oedden ni wedi deud wrth Dafydd y sylweddolais i nad oedd hi wedi clywed am ei farwolaeth. Roedd hi wedi cynhyrfu'n fawr. Roedd hi'n poeni nad oedd o'n gwybod fod ganddo fo blant. Roeddwn i wedi cynhyrfu hefyd. Roeddwn i'n gwybod y dylwn i fod wedi deud wrtho fo amdanoch chi yn syth ar ôl iddi hi ddod i'n gweld ni. Roeddwn i'n difaru na wnes i ddim.

'Ond roeddwn i wedi cynhyrfu hefyd achos fod tristwch Sophia yn ei gwneud hi'n anodd i mi ddod at brif bwrpas ein hymweliad ni.'

Syllodd Mam i fy llygaid i.

'Ond gwnes i o, Llinos,' meddai hi o'r diwedd yn llawn dagrau. 'Gwnes i'r peth ofnadwy yna dw i'n difaru cymaint rŵan, ac y bydda i'n difaru am weddill fy oes . . . trawais i'r fargen honno efo hi . . . y fargen greulon honno.'

---

taro (*traw-*)   to strike

'Y trefniant oedd bod Helen . . . a fi, yn gofalu amdanat ti nes bod Sophia wedi cael trefn arni hi ei hun. Ond rŵan, roeddwn i isio dy gadw di am byth. Fedrwn i ddim meddwl am dy roi di yn ôl.

'Roedd hi'n ddigon hawdd gweld, er gwaetha be oedd Sophia wedi ei ddeud am fynd yn ôl i'r coleg, nad oedd hi'n ymdopi'n dda iawn. Roedd y fflat yn anhrefnus, ac roedd golwg flinedig arni hi. Doedd ei hiechyd hi ddim yn iawn.

'Cymerais i fantais o rywun nad oedd mewn cyflwr i feddwl yn glir. Dywedais i wrthi hi y dylwn i edrych ar dy ôl di. Fasai angen dim arnat ti a baswn i'n rhoi digon o arian iddi hi fagu Elena. Basai hi'n medru mynd ymlaen efo'i chwrs coleg, a chael swydd dda ar y diwedd. Basai ei theulu hi'n falch ohoni hi.

'Yn y diwedd, cytunodd hi y baswn i'n cael gofalu amdanat ti nes i ti fod yn ddeunaw oed. Wedyn, roedd y ddwy ohonoch chi i gael gwybod popeth. Gwnes i iddi hi addo na fasai hi'n ceisio dy gael di'n ôl, nac yn dweud wrth Elena tan hynny fod ganddi hi chwaer. Roeddwn i'n ofni y basai Elena eisiau cysylltu efo ti rywbryd, ac yn dy ddenu di oddi wrthon ni. Llwyddais i i berswadio dy fam y basai'r ddwy ohonoch chi'n diolch iddi hi ryw ddiwrnod am ei phenderfyniad. Dyna pryd y ces i dy dystysgrif geni di.'

trefniant (eg)	arrangement	*cyflwr (eg)*	condition
anhrefnus	untidy	*denu*	to entice
mantais (eb)	advantage		

Ddywedais i ddim byd. Roedd y cyfan yn swnio mor afreal, mor annhebyg i Mam a Dad, fel na fedrwn i ddweud dim.

'Tua dechrau mis Tachwedd,' aeth Mam ymlaen, 'cawson ni lythyr o Gaerdydd oddi wrth dy fam. Roedd hi wedi penderfynu na fedrai hi ddim mynd ymlaen efo'i chwrs coleg. Roedd hi'n mynd i chwilio am waith llawn amser a chael ffrindiau i warchod iddi hi. Doedd hi ddim isio i ni anfon rhagor o arian. Roedd hi'n teimlo ei fod o fel llwgrwobr. A dyna oedd o hefyd. Arian i sicrhau fy mod i'n cael dy gadw di.

'O hynny ymlaen, roeddwn i'n poeni y basai Sophia yn newid ei meddwl ac y basai hi'n dod i'r tŷ ac yn mynnu dy gael di yn ôl. Fel roedd yr amser yn mynd ymlaen, roedd fy ofn i'n gwaethygu.

'Dyna pryd penderfynon ni adael Bryste. Roeddwn i isio dianc oddi wrth dy fam, ac oddi wrth y tristwch ofnadwy roeddwn i wedi ei deimlo ar ôl i Dafydd gael ei ladd. Rhoion ni'r tŷ ar werth, a chyn y Nadolig roedden ni wedi symud i dŷ wedi ei rentu yng Nghroesoswallt . . .'

'Croesoswallt?' meddwn i'n syn. 'Chlywais i erioed mohonoch chi'n sôn am Groesoswallt o'r blaen . . .'

'Penderfyniad sydyn oedd o,' esboniodd Mam, 'ac un 'dan ni wedi bod yn ei ddifaru. Dyna pam na sonion ni ddim wrthot ti.

'Ymddiswyddodd Dad fel rheolwr Fine Furniture ar ôl gweld hysbyseb am rywun i weithio dros dro mewn siop ddodrefn yng Nghroesoswallt. Doedden ni ddim yn adnabod neb yno ac roedden ni'n gobeithio y byddai Sophia'n llai tebygol o ddod i chwilio amdanon ni yno.

---

llwgrwobr (*eg*)	bribe	*Croesoswallt*	Oswestry
gwaethygu	to worsen	*tebygol*	likely

'Roeddwn i'n teimlo y dylwn i fynd i weld Sophia eto cyn mynd, ond fedrwn i ddim. Roedd o'n obsesiwn gen i y basai hi'n mynnu torri ein cytundeb ni. Anfonon ni anrheg Dolig i Elena. Tedi bach oedd o. Roedden ni wedi prynu un yr un fath i ti hefyd. Mae o yn y bocs yn yr atig. Roedden ni isio rhoi'r un peth i chi'ch dwy ar eich Nadolig cynta. Dyna'r tro ola i ni gysylltu efo dy fam.'

'Ond pam na fasech chi wedi deud hyn i gyd wrtha i o'r blaen?' gofynnais i, gan godi a dechrau cerdded o gwmpas yr ystafell. 'Pam dwedoch chi gelwydd ynglŷn â fy oed i? Roeddech chi i fod i ddeud y cyfan wrtha i fis Ebrill. Taswn i heb gyfarfod Steff, fasech chi wedi deud wrtha i o gwbl? Wnaethoch chi ddim meddwl y gallwn i gyfarfod Elena ryw ddydd? Oes gynnoch chi syniad sut ydw i wedi bod yn teimlo yn ystod y dyddiau diwetha?'

'Oes, Llinos,' meddai Mam, 'mae gen i syniad. Ond doeddwn i ddim yn gwybod bod Sophia wedi marw. Doeddwn i ddim yn meddwl yn rhesymol yr adeg honno. Roeddwn i hefyd, fel Sophia, yn dioddef o iselder. Roeddwn i'n fodlon gwneud unrhyw beth i dy gadw di.

'Pan symudon ni i Gaernarfon, ar ôl gwerthu'r tŷ ym Mryste, roeddet ti bron yn dair oed. Dwedon ni wrth bawb mai o Fryste roedden ni wedi symud. Roedd y rhan fwyaf o'n pethau ni'n cyrraedd yma o Fryste, beth bynnag, gan mai yno roedden nhw wedi bod yn cael eu storio. Dwedon ni hefyd mai Linda oedd dy fam di. Roedd hi'n haws hefyd achos doedd dim rhaid i ni egluro pethau anodd. Doedd neb yma yn cofio

---

cytundeb (eg)   agreement

manylion damwain ddigwyddodd yn yr Alban dair blynedd ynghynt. Buon ni'n ddigon gofalus i beidio â deud gormod.

'Roedden ni wedi dechrau dy alw di'n Llinos cyn i ni symud i Gaernarfon. Roeddwn i wedi hoffi'r enw erioed. Tasen ni wedi cael hogan, dyna beth basen ni wedi ei henwi hi.

'Un fach eiddil oeddet ti pan oeddet ti'n fabi. Pan es i â ti i'r ysgol feithrin gyntaf, dwedais i mai bron yn ddwy oed oeddet ti. Roedd hynny'n ffitio efo'r stori roedden ni wedi ei deud wrth bawb, fod dy rieni di wedi cael eu lladd pan oeddet ti ond ychydig o fisoedd oed.'

Daeth gwên fach i wyneb Mam am eiliad.

'Roedd pawb yn synnu pa mor dda roeddet ti'n siarad, a pha mor dda roeddet ti'n gallu tynnu lluniau.' Ochneidiodd hi. 'Ymgartrefon ni'n dda yma, a dechreuon ni fod yn hapus unwaith eto.'

'Felly,' meddwn i'n araf, 'dydy pawb ddim yn gwybod yr hanes yn barod? Dydyn nhw ddim yn gwybod fod gen i chwaer a bod Linda Stanton ddim yn fam i mi?'

Edrychodd Mam yn rhyfedd arna i am dipyn. 'Nac ydyn, wrth gwrs,' meddai hi. 'Does neb yma'n gwybod dim. Dim ond aelodau agos o'r teulu sy'n gwybod. A dŷn nhw ddim yn gwybod y stori'n iawn. Nid fel wyt ti'n ei gwybod hi rŵan.'

Roeddwn i'n teimlo rhyddhad mawr o glywed hyn. O leiaf doedd neb yn fy mhitïo, fel roeddwn i wedi pitïo Ceri Parri.

---

eiddil   frail   *rhyddhad (eg)*   relief

'Roedden ni'n mynd i ddeud wrthot ti, Llinos!' meddai Mam yn sydyn. 'Cytunon ni y basen ni'n dweud yn ystod gwyliau'r haf. Roedden ni am gadw'r cytundeb wnaethon ni efo dy fam.'

Cadw'r cytundeb, wir! Teimlais i am eiliad fel taswn i'n mynd i ferwi drosodd. Fedrwn i ddim credu bod Mam a Dad wedi gwneud y fath beth. Doedden nhw ddim llawer gwell na Ricardo a Maria Moscatelli.

'Dw i'n mynd allan am dro,' meddwn i. 'Mae rhaid i mi gael clirio fy mhen.'

'Ond be tasai rhywun yn dy weld ti? Rwyt ti i fod yn sâl . . .'

'Dim ots!' gwaeddais i. 'Mae'n rhaid i mi fynd.' Es i i nôl fy nghôt, ac allan â mi.

PENNOD 20

Cerddais i i lawr yr allt yn ymwybodol o ddim byd ond fy nhraed yn taro'r ffordd yn galed. Erbyn i fi gyrraedd y cei, roedd y dagrau'n llifo i lawr fy wyneb.

Roeddwn i wedi cyrraedd hanner ffordd at y Foryd pan ddechreuais i arafu. Arhosais i a syllu ar Ynys Môn yn gorwedd yn gysglyd mewn niwl ysgafn yn y pellter. Caeais i fy llygaid, a meddwl am yr hwyl roeddwn i'n arfer ei chael wrth ddod yma efo Mam a Dad pan oeddwn i'n fach. Cerddais i i lawr llwybr cul at y cerrig. Plygais i i edrych yn y pyllau dŵr bach wrth fy nhraed. Roedd y cerrig glas a gwyrddlas yn gwneud i mi feddwl am ffenest Cellar Seven ac am Elena, ac am ei stori drist.

Codais i ac edrych dros y cerrig. Roedd caniau Coke a photeli plastig ymysg y tywod a'r gwymon.

Meddyliais i am y llun oedd gen i ar ei hanner yn yr atig, yn un o gasgliad o fy lluniau o'r Fenai. Roedd o'n llawer rhy neis-neis. Ar ôl mynd adref roeddwn i'n mynd i'w newid o. Paentio hen bapur yn lle gwymon a bocs tships polisteirin a darnau o wydr wrth y wal. Fel'na roedd bywyd, wedi'r cyfan.

Edrychais i ar fy wats. Roedd hi bron yn dri o'r gloch. Roedd gen i ddigon o amser i gyrraedd adref cyn i'r ysgol gau. Wrth gerdded yn ôl, sylwais i y tro hwn ar y bobl oedd yn mynd a dod ar hyd y ffordd . . . dyn a dynes oedrannus yn cerdded yn hamddenol, mam ifanc a'i phlentyn bach yn dawnsio wrth ei hochr yn dod o

---

plygu	to bend	*gwymon (eg)*	seaweed
ymysg	amongst	*yn hamddenol*	leisurely

gyfeiriad y parc, dyn ar gefn beic, a dynes a'i chi yn mynd am dro.

Edrychais i ar y castell wrth i mi gerdded ymlaen, a gwelais i yn fy nychymyg filwyr a cheffylau a gweithwyr o ryw orffennol pell. Ceisiais i fy ysgwyd fy hun o'r iselder drwy gerdded yn gyflymach.

Oeddwn i'n medru bod yr un fath efo Mam a Dad eto? Doeddwn i ddim yn gwybod. Roedd rhaid i mi gael amser. Amser i geisio deall popeth. Roeddwn i'n deall i raddau. Roedd colli plentyn yn beth ofnadwy. Roedd pobl yn gallu gwneud pethau rhyfedd ar ôl ysgytwad fel'na. Ond beth am wedyn? Beth am y blynyddoedd pan oeddwn i yn yr ysgol gynradd a'r ysgol uwchradd? Mae rhaid bod Mam wedi dod dros golli ei mab erbyn hynny. Doedd dim esgus gan Mam a Dad dros beidio â chysylltu efo fy mam i ddadwneud y 'cytundeb'. A beth amdani hi, fy mam . . . Sophia Moscatelli. Basai hi wedi medru chwilio amdana i. Beth oedd ots am gadw cytundeb gwirion? Mae cariad mam i fod yn gryfach na phethau fel'na. Tybed oedd hi wedi meddwl amdana i ac wedi hiraethu amdana i o gwbl? Wedi'r cyfan, camgymeriad oedd wedi difetha cynlluniau ei bywyd hi oeddwn i ac Elena. Fedrwn i ddim dychmygu sut gallai fy mam fyw am bymtheg mlynedd efo Elena heb ddweud wrthi hi fod ganddi hi efaill. Oedd hi wedi bod eisiau dweud? Byddai'n rhaid i mi gyfarfod Elena eto a cheisio dod i adnabod Luigi a'i deulu. Gallai fo ddweud mwy wrtha i am fy mherthnasau o'r Eidal. Dechreuodd fy meddwl grwydro, a dychmygais i fy hun yn mynd efo Elena am daith i'r Eidal i gyfarfod aelodau o'r teulu . . .

---

milwyr (*ll*)	soldiers	*ysgytwad* (*eg*)	shock
i raddau	to a degree	*difetha*	to spoil

A beth roeddwn i'n mynd i'w ddweud wrth Mared heno? 'Haia. Gesia be! Mae gen i chwaer.' Be fasai ei hymateb? Be fasai ymateb pawb yn yr ysgol? Basai pawb yn siarad am y peth. Hwyrach y basai'n syniad da i mi sefyll ar ben cadair yng Nghaffi Mei a gweiddi, 'Hei! Gwrandewch, bawb . . .' Fasai dim rhaid i mi orfod dweud yr un stori drosodd a throsodd wedyn. Gallwn i ychwanegu, 'O, ia, dw i'n ddeunaw oed ers mis Ebrill, gyda llaw, felly cawn ni barti hwyr yn y Llew Du!'

Wrth feddwl am fy mhen-blwydd, crwydrodd fy meddwl i gofio am Mam a Dad yn mynd â blodau i roi ar y bedd yn Lerpwl ar ben-blwydd fy nhad. Roedd gen i gof o fynd efo nhw unwaith neu ddwy, ond dim ond nhw oedd wedi mynd pan ddechreuais i yn yr ysgol uwchradd. Roedd pen-blwydd fy nhad ar y pumed o Orffennaf, ac roedd o bob amser yn syrthio yng nghanol fy arholiadau ysgol. Roedd Mam a Dad yn meddwl am esgus i mi beidio â mynd bob tro. 'Basai'n well i ti adolygu', neu, 'Basai'n well i ti beidio â cholli'r arholiad', a 'Cei di ddod rywbryd eto.' Ond doedd 'rhywbryd eto' byth yn digwydd. Doeddwn i ddim yn poeni am hynny. Doeddwn i ddim yn hoffi ymweld â mynwentydd. Rŵan, roeddwn i'n deall pam mai i Fanceinion ac nid i Lerpwl bydden ni'n mynd i siopa neu i weld sioe gerdd, a pham bydden nhw'n meddwl am esgus os oeddwn i'n dangos unrhyw ddiddordeb mewn mynd i ymweld â bedd fy 'mam' a fy nhad. Roedden nhw ofni i mi weld y dyddiad iawn y buon nhw farw. Beth fasai fy nhad wedi'i wneud, tybed, tasai mam wedi dweud wrtho fo am Elena a fi. Roeddwn i'n

---

drosodd a throsodd   over and over   *crwydro*   to wander

siŵr y basai fo wedi bod eisiau helpu fy mam. Eleni, roeddwn i am fynd â blodau ar fedd fy nhad na chafodd wybod am fy modolaeth.

Es i adref ar hyd y ffyrdd cefn, rhag ofn i mi weld rhywun oedd wedi gadael yr ysgol yn gynnar. Doeddwn i ddim yn teimlo fel siarad. Byddai'n rhaid i mi wneud digon o hynny drannoeth. A heno, ar ôl i Dad ddod adref. Byddai'n rhaid i mi benderfynu beth oedden ni'n mynd i'w ddweud wrth bawb. Byddai pawb yn siarad amdanon ni am sbel, mae'n siŵr, ond ar ôl tipyn byddai pawb yn anghofio.

Roeddwn i bron â llwgu o eisiau bwyd ond roeddwn i'n teimlo'n well. Os oedd Elena wedi medru ymdopi efo salwch a marwolaeth ein mam, medrwn i hefyd ymdopi efo popeth roeddwn i wedi ei ddarganfod yn ystod y dyddiau diwethaf. Roedd pob dim mewn gwell trefn yn fy meddwl i rŵan. Yn gyntaf, roeddwn i'n mynd i gael rhywbeth i'w fwyta. Yna, ar ôl i Dad ddod adref, roedden ni'n mynd i benderfynu beth bydden ni'n ei ddweud wrth bawb. Wedyn, roeddwn i'n mynd i weld Mared a Siân, ac yna ffonio Steff i ddweud yr hanes wrtho fo.

Sefais i am eiliad o flaen y tŷ ac anadlu'n ddwfn. Roedd car Dad yno. Roedd o wedi dod adref yn gynnar. Meddyliais i eto am eiriau Steff . . . maen nhw'n meddwl y byd ohonot ti.

Fel roeddwn i'n mynd drwy giât yr ardd ffrynt ces i gip ar Mam drwy'r ffenestr. Mewn dim roedd hi wrth y drws. Es i i'r tŷ.

---

bodolaeth (*eb*)   existence   *drannoeth*   the next day

1. gan

Yn rhai o dafodieithoedd y Gogledd, mae 'gan' yn cael ei ddefnyddio i ddynodi meddiant (*denote possession*).

Iaith y De	Iaith y Gogledd	
Mae car 'da fi	Mae gen i gar	*I've got a car*
Mae e 'da fi o hyd	Mae o gen i o hyd	*I've still got it*

Y ffurfiau sy'n cael eu defnyddio yn y nofel hon yw:

gen i	gynnon ni
gen ti	gynnoch chi
ganddo fo	ganddyn nhw
ganddi hi	

Roedd Elena wedi cael dwy flynedd i arfer efo'r syniad fod ganddi hi chwaer. (67)

Elena had had two years to get used to the idea that she had a sister.

'Be sy gynnoch chi i'w ddeud am hyn'na?' (76)

What have you got to say about that?'

2. Meddai *said*

Mae 'meddai' yn cael ei ddefnyddio ar ôl geiriau sy'n cael eu dyfynnu (*quoted*):

'Ie, fy mai i oedd o, Llinos,' meddai hi, 'ac mae'n rhaid i mi fyw efo fo am byth.' (82)

'Yes, it was my fault, Llinos,' she said, 'and I have to live with it for ever.'

3. Amodol (*conditional*)

Mae gan y berfenw 'bod' lawer o wahanol ffurfiau yn yr amodol. Dyma ffurfiau'r nofel hon:

Baswn i (*I would be*)   Basen ni
Baset ti   Basech chi
Basai fe/hi   Basen nhw

Taswn i (*If I were*)   Tasen ni
Taset ti   Tasech chi
Tasai fe/hi   Tasen nhw

Tasai hi wedi gweld yr wyneb wnes i, basai hi wedi rhoi'r ffôn i lawr. (18)

If she had seen the face I made, she would have put the phone down.

'Baswn i'n mynd efo fo taswn i yn dy le di. Dim ond un diwrnod faset ti'n golli. Baset ti'n medru dod 'nôl yn y nos.' (24)

'I would go if I were you. You would only miss one day. You would be able to come back in the evening.'